マンガでわかる シンプルで正しい お金の増やし方

著・山崎 元
作画・飛永宏之

講談社

まえがき

本書は、ヤマザキハジメが、主として「悪いお金のプロ」たちを懲《こ》らしめて、それぞれのストーリーの主人公のお金の問題を解決する物語、全6話で構成されています。お金の運用、生命保険、不動産、年金など、身近なお金の問題について、多くの人が陥《おちい》りがちな勘違いや金融ビジネスが張り巡らせる罠《わな》を避けて、正しい考え方を身に付けることができるように心掛けました。

悪いお金のプロとして登場するのは、銀行員、不動産屋、証券マン、生保マン、FP（ファイナンシャル・プランナー）などですが、振り返ってみると、筆者は不動産屋以外のそれらの職業には、自分自身が就《つ》いていたことがあるか、深く関わっていたか（FP向けの教育などで）のいずれかです。その分、彼らのビジネスの事情やよからぬセールスの手口がよくわかるとも言えますが、直接的にセールスの仕事をしたことがないとしても、間接的に金融ビジネスの片棒を担いできた責任があると感じています。

本書を出すにあたっての筆者の狙いは、おおげさに聞こえるかもしれませんが「お金のビジネスの世直しをしたい」という点にあります。

たいして価値のない運用サービスで多額の手数料を取ったり（投資信託のことです）、実質的な手数料がわからない複雑な商品を人の不安に付け込んで売りつけたり（もちろん生命保険のこと）、逆に夢を煽《あお》って割高な不動産を買わせたりといった、顧客のためにならないビジネスを、できればすっかり駆逐したいし、現実的には少しでもマシなものにしたい。

そのためには、彼らのビジネスの仕掛けをバラして、お金のプロたちに少々恥ずかしい思いをして貰って、改心を促さねばなりません。

そして、彼らの改心以上に大切なのが、顧客の側が正しい知識を持って、ダメな金融商品・サービス、非合理的な意思決定に距離を置くようになることです。筆者の著書では、しばしば「顧客」と書いて「カモ」とルビを振ります。なぜなら顧客が騙《だま》されやすい状態のままにとどまると、お金のプロはそのカモたちから儲けるビジネスを捨てることができません。お金のビジネスで儲ける側が改心し改善するためには、顧客の側の理解が深まることが最も効果のある推進力になるのです。

一方、普通の人にとってお金の知識や理解はそれほど難しいものではありません。中学生でもわかるくらいの損得計算の能力と、「儲かる話を疑え」という大人の常識があれば、十分に使いこなすことができます。

ただ、お金を大切だと思うがために、他人を信じようとしたり、専門家を頼ろうとしたりする感情は、警戒心が緩いとしばしばわれわれの心の中に忍び込んで来ます。そして、お金のプロたちは実に巧みにその弱みを狙います。

そこで、身近なお金の問題について、ヤマザキハジメが痛快な指摘と意外な親切で、読者に注意と正しい考え方を印象づけるストーリーを作りました。漫画の中に自分が登場するというのは、少々照れくさい気分なのですが、自分の言葉と口調で言いたいことが言えるので、読者に伝えたい内容を、わかりやすく、正確に伝えられるのではないかと思いました。

我ながら気持ちのよい物語が6つでき上がりました。

現実の筆者は、漫画の中のヤマザキハジメほど大胆なお節介ではありませんが、同じ問題について意見を求められたら、同じ内容の意見を同じくらい辛辣《しんらつ》に言うはずです。筆者と話をするようなつもりで本書を読んでください。
読者一人一人が正しいお金の知識を身に付けたら、お金のプロたちの側もきっと「もう少しいい人」に変わっていくはずですし、彼らもその方が幸せなはずです。お金をめぐる、顧客とプロ双方の幸せに本書が少しでも役に立つことを願っています。

令和元年8月吉日
山崎　元

目次

第4章

第5章

第6章　お金を増やしたいなら、銀行に近寄るな！　141

ヤマザキハジメ

「あなたのお金の悩み解決します!」と書かれた名刺を持ち歩き、夜ごと街なかをハイボールを求めてさまよい歩いている。

その正体は、経済評論家のようだが……。

第1章

お金を増やしたいなら、他人を信じるな！

アナタのお金を狙う人間が持ってくる、さまざまな「美味しい話」。そんな儲け話には、必ずワナが潜んでいます。それが仲のいい友人であっても、他人を信じることは大変危険なことなのです！

第1話 「お金の話は友でも疑え」

バカだな〜っ そんなわけ ねーじゃん!
あ
そういや お前の息子も 来年受験だろ
うちは親と 同居してっから 金銭面でも助けて もらえたんだけど
お前のところが 心配で心配で
……
はぁ〜っ
たしかに 息子が私立の 中高に行くと 学費がかかるなぁ
立ち呑みや〇ム
住宅ローンも 残ってて 老後の金まで 手が回らない
銀行預金は 金利がほとんど 付かないし
立ち呑みや〇ム
おいおいっ! この低金利の時代に 銀行にカネを遊ばせ とくなんて なんてもったいない!
アベノミクスで 平均株価でさえ 2倍以上になってんだぜ
これから成長性の ある分野を狙って 投資すれば もっと儲けることだって 可能なんだぞ!
ムッ
僕みたいな 素人じゃ 成長性のある 企業を 探すなんて…

たしかに素人がいきなり儲けるのは難しいかもしれないが
だったら一流証券会社のこの俺が
投資のプロに運用を任せられる投資信託という金融商品を教えてやるよ
野中証券
これからはロボットとAIが人手不足を解消してくれる時代だ
AIやロボットの会社に集中して投資する投資信託だぞ
たしかに AIやロボットって 最近よく聞くけど…
疑ってんのか？
野中証券
うちの系列の総研でもそう言ってるぜ
投資か…
でも株式に投資するということは元本割れするリスクがあるんじゃないの？
実は去年 義理の父が亡くなった時に妻が相続したカネが銀行に2000万円ほどあるんだけど
夫婦の老後に備える大切な資金だから少しでも損を出すのは困るんだ

心配はわかる！
にま～っ
要はバランスよくやればいいのさ
株式で攻めるばかりじゃなく債券に投資する商品や貯蓄性の高い生命保険のような守りに強い商品を組み合わせるのがセオリーだ
円の金利じゃカネは全く増えないからブラジル・レアル建ての債券で年8％以上で回るいいのがあるよ
8%
何ならお前に専任のプロの担当者を付けるファンドラップっていうサービスを紹介してやってもいい
……
せっかく友達に金のプロがいるのに
任せないなんてバカだぞ
うーん…
…そうか…
そうだな…
なんかいい気がしてきたな
ドカッ
騙されてはいけませんよ
え？
何なんですあなた

老後のお金についてお悩みのようですね
あなたのお金の悩み解決します！
ヤマザキハジメ
私 機嫌がいい時ならハイボール1杯であなたのお金の悩みを解決しますよ
ハイボールはいいですよ 糖質もプリン体もないから身体にいいし
ごくごくっ
しかもビールよりも原価率が低いから居酒屋に喜ばれる
ヤマザキ…
あなたのお金の悩み解決します！
ヤマザキハジメ
ハジメ…さん？
おい無視しろって
いえ是非お願いします
それに騙されるってどういうことです？
じゃ
遠慮なく！
ごくっ
あ
どうぞ

40代はいろいろとお金について考えてしまう頃ですよねわかります
しかしアナタ…

人の意見に惑わされすぎじゃないですか?

そしてアナタ!

友人の資産を食いモノにしようとしてますね!

テーマ型の投資信託なんてろくなものじゃないのはあんたも証券マンなら知っているでしょう
素人をたぶらかすのもいい加減にしなさい!

……………!!!

だいたい証券マンが勧める投資信託なんてろくなものはありません!

いらっしゃいませー
テーマ型投信がなぜNGなのかを詳しく説明しましょう

おっと その前に ハイボールを もう1杯!
ハイ!
例えば 今ここに 鶏の唐揚げと タコカラがありますね
これにさらに イカリング・フライや フライド・オニオン ポテト・フライを頼みたいとは 思わないでしょう?
揚げ物ばかりだと 胸焼けしちゃいますね
AIやロボットとはいえ 一時的なブームには なっても 同じ分野の株が 買われ続けることは ほぼあり得ない
ブームが去ると その反動が来ます
そう 下がりますよね
つまり 長期で保有するのが 投資の原則だし 投資信託は 分散投資ができる 商品であることが メリットなのに
上がるものや
下がるもの
多分野に分散
テーマ型投信は このメリットを捨てている 筋悪の商品なのです
同じもの
一緒に下落
で…でも AIやロボットは これからの成長分野で あることは 間違いないですよね
だとしたら これから株価上昇が 見込めるのは 確実でしょう

そんなことはもう多くの人が知っていることですよね
もうすでに株価に反映されてるんではないですか？
ギクッ
いいやいや まだ序の口ですよ
これからが本格的な上昇になるはずで
だからこそ友人にも勧めているわけで…
そこまでおっしゃるなら
ゴト…
証券マンのあなたはこの商品を持っているんですよね？
いやっ…これから買おうかと思っているけどまだ買っていません
じゃあ ご自分のご両親や親戚にも自信をもってお勧めできますか？

……そ それも今度会った時に親には勧めようと思ってまして……

あれ? さっき 親と同居してるって言ってなかったっけ?

ぐぬぬぬ……

ほらね こういうことなんですよ わかりましたか?

ははぁ……

もっとわかりやすくご説明しましょう
ご友人が勧めた投資信託は販売手数料だけで3%かかって運用管理手数料が年間に1・5%もかかり続ける
3% — — — — — —
1.5% 1.5% 1.5% 1.5% 1.5% 1.5% …→
1年目 2年目 3年目 4年目 5年目 …→
もしあなたが1000万円買ったら手数料を1年目だけで45万円も払うことになるんです
そういうダメなものだと知っているから彼は自分でこの商品を買ったりしない
あなたから手数料を稼ごうという気持ちを起こしたとは何とも情けない

あのう〜
さっき言ってた
ブラジル・レアル建ての
債券ってのも…？
あなた
ブラジル・レアルについて
何か知っていますか？
他人の言葉だけを
手がかりに
知らないものに
投資すること自体が
そもそも
愚かなことです！
メキッ
もちろん
ブラジル・レアルの債券も
証券会社が
がっちり儲かるように
なっている
ダメな商品です
違いますか？
い……
いや…
そんな……
あなた
証券マンのダークサイドに
落ちるところでしたね
きついノルマに
追われているのでは
ないですか？

おおかた悪い上司に
そそのかされたんでしょう
昔の友人に営業かけまくれ
とかなんとか
は…はい
よくないことだとは
思っていたのですが
俺が
バカでした…
上司の言う通りにやれば
これまでも上手く
いっていたので……
まぁ 未然に
防ぐことができて
よかったです
あなたも
悔い改めている
ようですし
あの…
それでは私は
手元にある
2000万円を
どうしたら
いいのでしょうか
ハイボールを
もう1杯
ごちそうしますので
教えて頂けませんか
こうッ
仮にお金の運用が
ハイボールだとしましょうか
何が大切かというと
第一に美味いウィスキーで
つくること
第二に炭酸水で
適当な濃さに
割ることです

人によって酒量そのものも好みの濃さも違います
お金の運用でも運用金額とその中でどのくらいの大きさのリスクを取るかは人によって違います
ただし違いはそれだけなので運用の方法は基本的に誰でも同じでいい
まず美味いウィスキーに相当するのは手数料が安くて幅広く分散投資されたインデックス・ファンドと呼ばれるタイプの投資信託です
6:4
国内株式インデックス・ファンド
外国株式インデックス・ファンド
私は外国株式のインデックス・ファンドと国内株式のインデックス・ファンドに概《おおむ》ね6対4で投資することを勧めています
炭酸水に相当するものは何なのでしょうか?
ハイボールの炭酸水に相当するような無難で安全な運用対象は『個人向け国債変動金利型10年満期』です
個人向け国債変動金利型10年満期
国が毎月発行している
購入は1万円からできる
元本割れなしだから安心
年率0.05%の最低金利が保証されている
半年毎に適用利率が変わる変動金利で実勢金利が上がると受取利子が増える
他に固定金利型5年満期
固定金利型3年満期がある

銀行の預金よりも安全だし
将来の金利変動のリスクにも
強いし
現在そこそこの利回りなので
安全に運用したいお金は
この商品を買っておくといい
年率0.05%の
最低金利が保証されている
0.05%
0
（イメージ図）
例えば あなたの場合
1000万円を600万円と
400万円 外国株と日本株の
インデックス・ファンドにして
1,000万
600万
400万
残りの1000万円は
個人向け国債にしておくくらいが
いいかもしれない
個人向け国債は
どこの金融機関でも
買えるので
ここにいる
改心したご友人を
許すのであれば
彼の証券会社で買うのも
いいですよ
いいですか
相手はご友人なのですから
個人向け国債ではない
他の商品を売りつけたり
1年経って解約できるように
なったからといって
別の商品を勧めたり
そういうタチの悪い
商売をしては
いけませんよ
まあ
上司の指示も
あるでしょうし
野中証券では
難しいでしょう
あなたの立場も
わかりますがね

おっしゃる通りです
人として恥ずかしくない証券マンになりたいです
でその…国内外の株式のインデックス・ファンドはどこで買えばいいのでしょうか?
ネット証券に口座を開いてそこで買うのがいいでしょう
手数料が安くて使いやすいところを選んでください
ネット証券の最大の長所は悪いセールスマンに会わずに取引ができることです
いったん買った投資信託はそのままでいいのでしょうか?
何割上がったら売った方がいいといった原則はありますか?
いいえ現金が必要になったときに売ればいいのです
将来に追加で投資するお金ができたときにバランスを取ればいいくらいで基本的には「ほったらかし」で結構ですよ

私は 数年前に『ほったらかし投資術』という本を書いたことがありますがその考え方は今も変わっていません
これで一件落着です！
じゃあ私はお手洗いに
……勉強になりました
ご親切に教えて頂いてありがとうございます
あのっ今日のヤマザキ先生のハイボール代は授業料として私たちに払わせてください
いやいや
私の話を聞いてくれただけで私は大変満足です しかもあなたもハッピーになりご友人もダークサイドに落ちる前に助かった
お2人の分も私が払いますよ
あ
返礼は私にではなくお2人の後輩にでも奢《おご》ってあげてください！
まあ年長者が飲み代を払うのは社会的食物連鎖のようなものでしょう

ごちそうさまでした！
…………
ああ
また格好を付けて
払ってしまった…
がくっ…
私は
お金の専門家なのに
飲み代での
無駄遣いが
止まらないのは
困ったものだ…
ま
いいか！
お兄さん
ハイボールをもう1杯！

第1話　おわり

お金には「市場のリスク」のほかに「人間のリスク」がある

お金の問題では「他人」を信じてはいけない

読者の皆さんは、「投資にはリスクがある」とお聞きになったことがあるでしょう。この場合、「リスク」と聞いて何をイメージされるでしょうか。

多くの方は、投資している株式の「株価の下落」や、外貨建ての商品を持っている時の円高のような「為替《かわせ》のリスク」を思い浮かべるのではないでしょうか。確かに国内外の株価や為替レートは、おとなしくてあまり動かない時もありますが、意外なほどに大きく動く時もあって、油断できません。

他方、現実のお金の問題には、「人間のリスク」が付いて回ります。人間のリスクとは、他人からの影響で不適切な意思決定に導かれる可能性を指します。このリスクは、市場《しじょう》のリスクと同じくらいか、あるいはそれ以上に重大な影響を及ぼすことがあるので注意が必要です。

お金における人間のリスクは本書全体を貫く大きなテーマの一つです。人間には本当に油断できません。本書はこの「人間のリスク」に警鐘を鳴らしながら、お金に関する正しい考え方と扱い方のコツを読者にお伝えします。

悪い影響を与える人間としては、証券マン、銀行員、生命保険会社の営業員や、生命保険を売っているFP（ファイナンシャル・プランナー）のような、「金融商品を売る人」が典型的です。こうした**「あなたに商品を売ることによって儲けを得る可能性のある人」にお金の相談をしてはいけません。**彼らのアドバイスは、自らが利益を得るために都合のいい方向に歪《ゆが》む可能性があるからです。

証券マンや銀行員は、リスクの大きな投資信託（注：傾向として手数料が高い商品はリスクが大きいものが多いのです。この傾向は覚えておく価値があります）を顧客の必要以上に勧める傾向がありますし、同様の運用商品でもっと手数料が安い商品があっても顧客に教えたくないと思うでしょう。

生命保険の営業員や保険を売っているＦＰも顧客の必要以上に保険を勧めることが、自分の収入につながります。「複数の会社の保険を比較して、あなたにピッタリの保険をアドバイスします」という触れ込みの街角の保険の相談窓口も同様なので、信用してはいけません。

相手が友人でもダメ

第１話目のストーリーでは、主人公の大学時代の同級生だった証券マンが、投信販売のノルマ（目標数値）を達成するために主人公に投資信託を勧めますが、**たとえ友人であっても「商品を売る人を信用して頼る」ことは避けるべきなのが、お金の世界の常識**だと思ってください。証券の他には、友人に不要あるいは不適切な生命保険を勧められるケースも多いでしょう。いずれも、商品の説明を聞かされる前に、「友だちからは商品を購入しないよ」と宣言しましょう。

今回、主人公は、①お金の話はお金の専門家に聞くのがいいと思い、②専門家の言うことに間違いはないだろうと素朴に信じ、加えて③友人はお金の話にあっても信頼できると考えて、危うく手数料が高く、かつ長期投資に不向きな投資信託を買いそうになりました。3点いずれも、お金の問題にあって間違いの入り口になりやすい典型的な思い込みです。

金融マンなどの「専門家」がお金の問題についてそれなりに豊富な知識を持っているのは事実ですが、彼らが、その知識を常に正しく使うとは限りません。また、知識自体が彼らのビジネス上の利益に都合のよい方向に曲がっていることも少なくないのです。専門家なら信頼できるという判断は間違いです。何度も申し上げますが、「あなたに商品を売ることで儲けを得る可能性がある人」を頼ってお金の判断をしてはいけません。

また、高齢者によくあるケースなのですが、「○○銀行の××さんはいい人だ」とか「□□証券の△△さんはよくやっているので、応援したい」などと、お金の問題について、自分で理解した損得に基づいてではなくて、この人を信用したいと思う「感情」で判断することがあります。しかし、この判断基準は大損の元になりかねず危険です。お金に関わる問題にあって、自分が「人間の善し悪しを判断できる」と思うのは錯覚なのだと自戒すべきです。

それでも、どうしてもお金の問題について誰かに相談したい場合の相談方法については、第5話でご説明します。まずはお金の運用は、自分でわかる範囲で判断する方が安心なのだと理解してください。もちろん、「わかる範囲」を広げる努力は必要ですが、必要な知識はそれほど多くありませんし、難しくもありません。

テーマ型投資信託の何がダメなのか?

今回の話で、主人公の学友だった証券マンは、「AI関連」、「ロボット関連」といった特定のテーマの企業に投資するという触れ込みの「テーマ型の投資信託」を勧めましたが、この商品は何がダメなのでしょうか。

投資信託は、小口の資金でも実質的に数十、数百の株式に分散投資するのと同じ効果を得られる優れた運用手段です。せっかくバランスが取れた分散投資ができるのに、「AI関連」、「ロボット関連」、あるいは「資源関連」といった特定のテーマに偏るのはもったいないことですし、いつどのテーマに投資するのがいいのかについて判断することは、素人はおろかプロにも困難です。

こうした「テーマ型投信」は、関連銘柄が人気を集めて株価が高値を付けている時に設定されやすく、商品として売れやすいが、商品化と同時に値を下げやすい傾向があり、「テーマ型投信は、概して言えば、上手く行かない」とベテランの証券マンなら経験的に知っているはずです。

また、特定のテーマに偏った投資をしていると値動きが荒く、株価が上がっても下がっても、売りたくなる傾向がありますが、短期の売却、さらには別の対象への再投資は、税金の面でも手数料の面でも不利です。

加えて、運用会社のホームページでこうした投信の目論見書《もくろみしょ》を見て頂くとわかりますが、購入時に支払う募集手数料が２～３％、さらに保有期間中かかり続ける信託報酬率が１・５％前後のものが多く、手数料率が高すぎます（手数料にはいずれも消費税がプラスされます）。

お金の運用の「0・5％ルール」

それでは、どうするといいのかが問題ですが、筆者が提唱する「0・5％ルール」に従ってください。これは、**一切の手数料を合算して、年間に運用額の0・5％以上の手数料を払う商品は全て避けるという原則です。**1000万円の運用に5万円以上払うのは払い過ぎだという価格感覚を持ってください。また保険商品のように、実質的な手数料がわからないものも避けるべきです。

これは、筆者がNHKの『クローズアップ現代＋』という番組に出演した際に提唱した原則ですが、我ながらよくできています。人間が手間とコストを掛けて売る商品はたいていこの原則に当てはまらないので、この原則を守れば高すぎる手数料と共に人間のリスクも避けることができます。

主人公は、リスクを取って運用したいと思った場合、たとえば世界の株式に広く投資するインデックス・ファンド（株価指数への連動を目指す運用をする投資信託）と呼ばれるタイプの商品を探すと、購入時の手数料がゼロで信託報酬率が0・3％以下のものを見つけられたはずです。

証券マンの友人は本来そのような商品があることを知っていたはずですが、彼は、友人である以前に証券マンだったということが第1話のポイントです。「人間」を見極めることは、主人公にとってだけではなく、読者にとっても難しいはずです。

〈第1章のポイント〉

1
お金の問題には「市場のリスク」のほかに「人間のリスク」がある。人間のリスクとは、他人の影響でお金に関する意思決定を間違える危険のこと。

2
証券マン、銀行員、生保の販売員、生命保険などの商品を売っているFPなど、「あなたに商品を売ることで儲かる可能性のある人」にお金の問題を相談してはいけない。友人でもダメ。金融機関の無料相談もNG。

3
お金の運用では、手数料を合計して年間0・5%を超える商品をすべて避ける「0・5%ルール」を守るといい。

4
リスクを取る運用は国内外の株式に広く投資するインデックス・ファンド、リスクを取らない運用には個人向け国債変動金利型10年満期がいい。

投資そのものは怖くありません！
恐ろしいのは、市場のリスクより
人間のリスクなんです！

第2章

お金を増やしたいなら、年金と積立投資を使え！

何かと話題の「年金」。超高齢化社会を迎えて、掛け金を払い続けても今までのようにはもらえないという噂の一方で、「１００年安心」という言葉も……。果たして年金はどうするべきなの?

第2話　「将来を…考える人」

美咲ちゃん
ワインもう1本
注文…
あ

今月かなり
使ってた
んだった…
美咲ちゃん
悪いけど
支払いお願い
してもいい？
林田《はやしだ》　拓也《たくや》(29)
フリーランスライター
年収450万円

え────っ また〜〜〜〜〜？
水野《みずの》 美咲《みさき》(28)
会社員 年収400万円
拓也くん いつもお金 あるだけ 使っちゃうけど 大丈夫なの？
大丈夫 大丈夫！
すみませ〜ん ランゲ・ネッビオーロ 1本お願いしま〜す！
だ〜か〜ら〜
将来のことは 俺だって 考えてるって
はいはい
芥川《あくたがわ》賞を取って 贅沢《ぜいたく》な生活を させてやる でしょ
でも芥川賞取っても 消えちゃった人は 一杯いるし
そもそも賞を 取れるかどうか
……
ムッ

おい
俺は本気だぞ!
今だって
ウェブや書籍の
ライターしながらも
作品の構想は
進んでるんだ
だいたい
美咲ちゃん
だってさぁ
会社員だからって
老後は安心ってわけじゃ
ないでしょ…
わかってるわよ
だから
ちゃんと年金も
払っているし…
年金!?
年金なんて
どうなるか
わかんないもの
払ってるの?
もう
大人なんだから
当然じゃない
拓也くん
国民年金
払ってないの?
払ってるわけ
ないじゃん
年金なんて
払っても
俺らのころには
もらえないよ
あんなものは
破綻《はたん》するでしょ
フツーに考えて

突然失礼します
あなた なんで国民年金が 将来もらえないと 思うんですか？
え？
どなた でしょうか？
あ 申し遅れました
私 こういう者 です
あなたのお金の悩み解決します！
ヤマザキハジメ
あなたの お金の悩み 解決します！
ヤマザキハジメ？
私 今日も機嫌が いいので ハイボール１杯で あなたたちの お金の悩みを 解決しますよ
まあ ワインでも いいけどね
国の年金が 信用できないという お気持ちはわかります 若い人は不利です からね
でも 国民年金は 破綻して無くなって しまうような仕組みでは ありません

普通の人は払わないと多分損するでしょうね
国の年金財政は少子高齢化と低金利でもたないでしょう
あなた本当にお金の専門家なんですか？
少子高齢化も低金利も年金財政に影響する問題ですが
年金は主に将来の給付を将来の保険料で賄う仕組みなので徐々に縮んで小さくなりはしても
会社の倒産みたいにチャラになることはありません
それに国民年金は保険料の半分を国が負担してくれているので保険料を払わないと損な場合が多い
もちろん公的年金だけでは十分でない人は多いだろうけど
年金が老後に備えるために必要なものであることは変わらないでしょうね
年金は破綻するなんて言って意気がっていないで現実的に生活設計を考えた方が利口ですよ

カチン
美咲ちゃん この人 俺に説教してるよ
もう放っておいて 2人で飲もうよ
俺 ドーンと当てる 予定でいるからさ
細かい損得の話に 興味ないし
ちょっと待って
私… やっぱり将来について ちゃんと考えておいた方が いいと思うの
学生時代の 先輩だった拓也くんは かっこよかったし 才能もあった
仕事はまだ 不安定だけど 頑張ってるとも思うし
出版された 拓也くんの小説も 読んでみたい
でも そんな夢だけで 将来を 何も考えてない ような生活を見てると このままでいいのかな って不安になるのよ
お金をあるだけ 使っちゃうのは 知ってたけど
まさか国民年金も 払ってないなんて 思ってなかった

私だって
もうすぐ30だし
将来の生活とか
現実的に考えることも
多いわ
将来をまじめに
考えてくれない拓也くんに
ついていけるかどうか
不安に思うことも…
ニヤリ…
ぶる
ぶるぶる
ぶる…
さて
アナタ
どうしますか?
このまま
何も考えずに
自由に生きていって
彼女を失いますか?
それとも
彼女と一緒に
生きていきたい
ですか?
美咲ちゃんが
いなくなるのは
いやです——
!!!

答えが出たようですね
僕も将来に備えてきちんと考えます!
先生投資の方法を教えてください!
投資ですか?
将来への備えを一度も考えたことのない素人が投資なんて始めるとカモになるだけですよ
でも将来のために何かを始めたいんです!
ヤマザキ先生
拓也君がせっかく心を入れ替えたんです
何かいい方法を教えてください!
そうですねぇ
それならまずはiDeCo《イデコ》から始めてはいかがでしょうか?
イ……iDeCoですか?

iDeCo
（確定拠出年金）
iDeCoっていうのは確定拠出年金のことで自分で運用して老後に備える年金制度なんです
この制度は20歳以上のほぼ全員が利用できます
ぼ 僕もできますか？
はい もちろん
しかもこのiDeCoは税制上も大変優遇されています
大まかに言うと税制優遇の分はほぼ確実に得をする制度なんです！
ってことはやらなきゃ損なんですか？
そう考えていいでしょう
へぇ〜
確実に得するのか！
あの…実は私iDeCoやっています
やっぱり将来が心配だし

偉い!
iDeCoには職業と利用している年金の違いによって月額1万2000円~6万8000円までの掛け金の上限があります
1万2000円~6万8000円
(職業によって異なります)
厚生年金だけの会社に勤めていると上限は2万3000円ですね
僕はいくらできるんですか?
フリーランスってことだから月額最大6万8000円
年間81万6000円までできます
仮にあなたの年収が500万円だと所得税20%と住民税10%の合計30%分税金が戻ってくるから
年間24万4000円とちょっと得することになりますね
¥244,000
!
美咲ちゃん俺俄然《がぜん》やる気が出てきたよ
税金を取り返せるのって格好いい
ただ残念ながら国民年金を払っていない人はiDeCoを利用できません
ガァアーン…

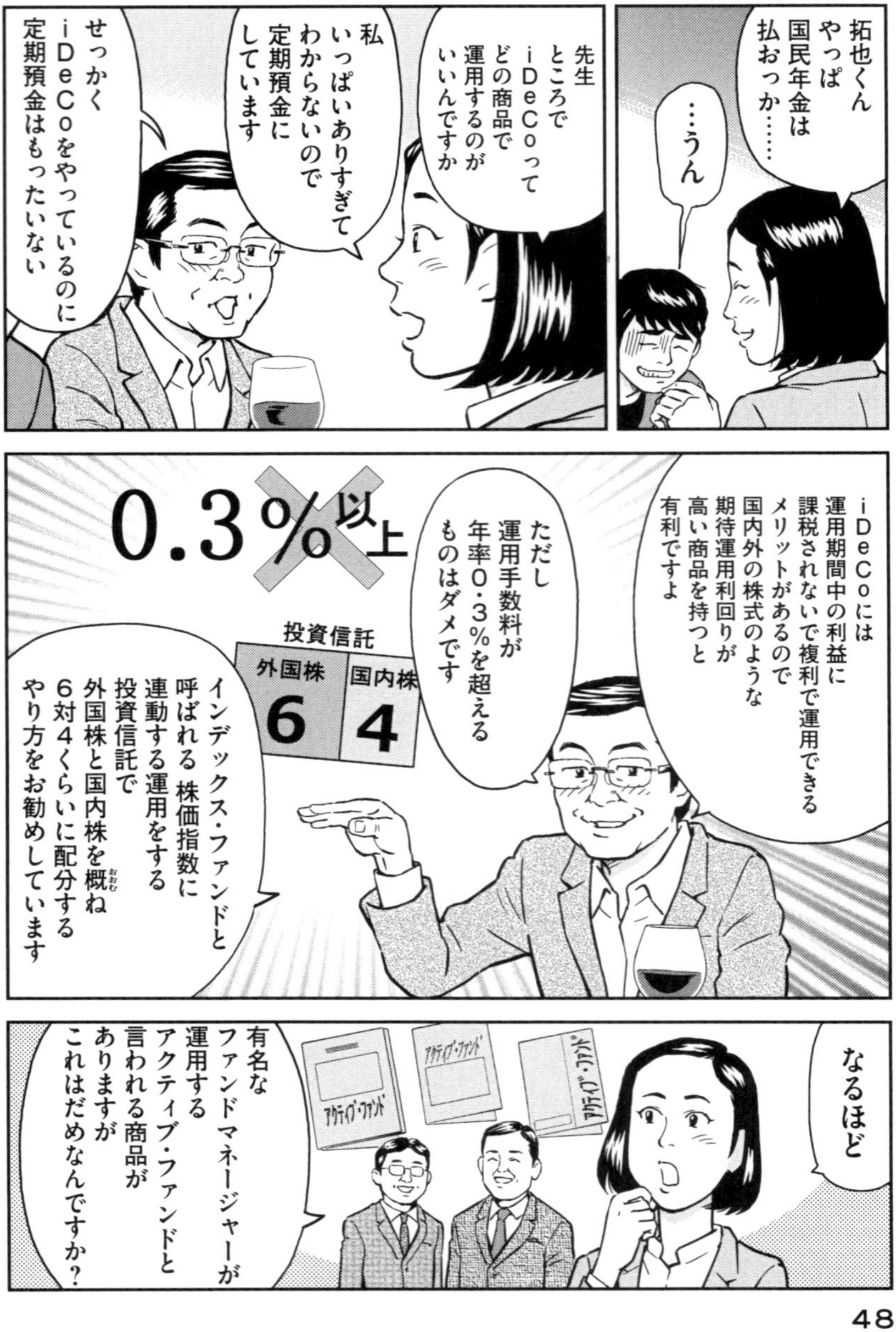
拓也くん
やっぱ
国民年金は
払おっか……
…うん
先生
ところで
iDeCoって
どの商品で
運用するのが
いいんですか
私
いっぱいありすぎて
わからないので
定期預金に
しています
せっかく
iDeCoをやっているのに
定期預金はもったいない
iDeCoには
運用期間中の利益に
課税されないで複利で運用できる
メリットがあるので
国内外の株式のような
期待運用利回りが
高い商品を持つと
有利ですよ
0.3%以上
ただし
運用手数料が
年率0・3%を超える
ものはダメです
投資信託
外国株 6
国内株 4
インデックス・ファンドと
呼ばれる 株価指数に
連動する運用をする
投資信託で
外国株と国内株を概ね《おおむ》
6対4くらいに配分する
やり方をお勧めしています
なるほど
アクティブ・ファンド
アクティブ・ファンド
アクティブ・ファンド
有名な
ファンドマネージャーが
運用する
アクティブ・ファンドと
言われる商品が
ありますが
これはだめなんですか？

運用の上手い下手を見分ける方法がないうえ手数料が高いのでやめた方がいいですよ
○○ファンド
銀行
手数料稼ぎのために並べている金融機関のワナです
私は〝地雷〟と呼んでいます
地雷ですか！
それとiDeCoは60歳になるまでは払い出すことができません
60!?それまで使えないの？
私の計算では老後のための貯蓄はサラリーマンは手取りの2割
フリーランスは3割くらいにしておく方がいいのでiDeCoのお金が必要になるようではお金の使いすぎです
もっと働いて稼いでからお金を使うことを考えてください
またお説教されている感じになってきたけど
でも僕将来のお金のことを真面目に考えます
私は会社員なのでiDeCoを2万3000円までしかできないのですがもう少し貯める方がいいのでしょうね

そうですね
iDeCoに加えて
つみたてNISA《ニーサ》を
やるといいと思います
つみたてNISAは
普通は毎月の
積立投資を行いますが
年間40万円までの
投資に対する利益に
20年間
税金がかかりません
つみたてNISA
当面
少額でもいいので
始めてみることを
お勧めします
¥ ¥
税金が
かからない!
しかも
つみたてNISAでは
投資できる金融商品が
厳選されていて
失敗しにくい設計に
なっています
失敗
しにくい?
私が〝地雷〟と呼ぶ
手数料が高くてダメな
運用商品の大半を
金融庁があらかじめ
除去してくれています
日本には
6000本以上の
投資信託がありますが
つみたてNISAの
対象になっているのは
百数十本にすぎません
もちろん
その中でも
手数料がなるべく安い
商品を選ぶ方がいい
金融庁
金融庁
金融庁
金融庁
金融庁

iDeCoと つみたてNISA この2つだけで いいんですか?
当面 この2つだけで 十分です
収入が増えて 余裕が出来たら その他の投資も 考えましょう
まずは コツコツと積み立てて 将来に備えることが 大切ですから
さて これでお2人とも 将来に備える気持ちに なった
つみたて
iDeCo
国民年金
大変 結構です
はい 今まで 不安を 言い出せ なかったけど
今日は 拓也くんと お金について 話せて よかった
それにしても 美咲ちゃんは偉いな iDeCo やっていたなんて 知らなかったよ

……それに引きかえ僕は今まで自分の夢ばっかり語って
美咲ちゃんの将来とか考えないままでいて反省してます
拓也くん……
国民年金を払ってiDeCoも始めて
でも小説書くのはやめないでね
もちろん！
コツコツ積み立てと芥川賞！
2本立てでどっちも頑張るよ！
よい心がけです
普段はハイボールを飲んでいる私ですが
今日は若い2人の未来へのスタートに立ち会えたということで
ワインを1本ごちそうさせてください

ネッビオーロがお好きなようですから
カンパーイ
景気づけにバローロでいきましょう！
……
…まいいか
ハイボールもう1杯！
またいい格好をして奢ってしまった…

第2話　おわり

シンプルで正しいお金の増やし方

年金と積立投資を正しく理解して、安心できる老後を

公的年金は無くならない！

近年さすがに減ったように思いますが、「日本の年金なんてどうせ破綻《はたん》するから、俺は年金なんて払わない」と言う今回の登場人物のような若者が時々います（なぜか男性に多いイメージです）。公的年金制度だけを見ると、今の高齢世代が得をして、若い世代が損をしているように思えるので、「俺は年金に関わりたくない」という気持ちはわからなくはありません。**しかし、公的年金は極めて破綻しにくい仕組みであり、また、多くの人にとって老後に備える上で上手に利用したい仕組みです。**

公的年金が破綻しにくいのは、簡単に言うと毎年集まる年金保険料と国が投入する税金を、右から左へと、対象となる高齢者に支給する仕組みだからです。将来、少子

高齢化が予想以上に進んだり、積立金の運用に失敗したりして、受け取る年金額や受給の条件が悪化することはあるとしても、制度が破綻して年金を全く受け取れなくなるような事態が起こるとは考えにくいのです。「年金がチャラになる」のは、戦争で負けるとか、革命が起こるとかで、日本という国の連続性が断たれるような事態に陥《おちい》った時だけでしょう。

次に、**「年金は得なのか？」と問われると、「人によります。ただし、普通の人にとっては加入しておいた方がいい制度だ」と答えるのが正解でしょう。**

年金は保険制度なので、保険というもの全般がそうであるように、加入して得をする人と損をする人の両方が結果的に存在します。相対的に早死にしてしまった人や、生涯を通じて低所得のため年金の税制上のメリット（控除）を得られない人、また老後は生活保護制度に頼ることになった人は、現役時代の年金保険料の支払いが損になる可能性があります。しかし、これらのいずれかになりたいと望んで人生を送る人は少ないのではないでしょうか。

国民年金（基礎年金）の保険料の半分を国が負担していること（それなのに、保険料を払わないと、将来、年金給付を受け取れない)、年金支払いには各種の税制上のメリットがあること、さらに、終身支給される公的年金は「想定外の長生き」に対する保険として有効であることなどを考えると、普通に働き、稼ぎ、生活する人にとって「年金からの離脱」は得にはなりません。

確定拠出年金の企業型と個人型(iDeCo)

さて、自営業者やフリーランスが加入する国民年金、サラリーマンが加入する厚生年金といった公的年金制度に加えて、企業単位、あるいは個人が独自に加入する私的な年金制度が存在します。その中で最近普及し、さらに拡大しているのが「確定拠出年金」と呼ばれる仕組みです。

これまで企業の年金は将来の受け取り額が確定している確定給付年金と呼ばれるタイプが一般的でしたが、この制度は企業が負担する運用リスクが大きく、多くの企業が確定給付年金を縮小・廃止したり、確定拠出年金と呼ばれる仕組みの企業年金に切り替えたりしています。

また、企業が制度を運営する「企業型確定拠出年金」の他に、個人が独自に加入することができる「個人型確定拠出年金」があり、この制度の愛称が「iDeCo《イデコ》」です。

確定拠出年金では、企業や個人が拠出する額が確定していますが、積立金の運用を加入者本人が行い、将来受け取ることができる年金額が運用の成否によって変動します。そのため加入者個人が自分で自分の年金資産の運用を考えなければならなくなりました。

勤労者にとっての確定拠出年金の賢い使い方をまとめると以下の3点です。

①なるべく大きな額で利用する
②自分の資産運用の中でリスクを取る運用を確定拠出年金に集中させる
③手数料の安い株式のインデックス・ファンドで運用する

簡単に補足しましょう。

まず、平均的な所得水準の勤労者にとって老後の備えに貯めなければならない金額を計算すると、多くの場合は確定拠出年金で貯めることが可能な額を上回ります。それでも老後に必要なお金を、確定拠出年金の形で貯めることは大変有利です。なぜ有利かというと、ストーリーの中にも登場しますが、確定拠出年金の掛け金は所得税や住民税を計算する際の所得から差し引かれるので（「所得控除」と呼びます）、「掛け金×税率」分の節税が可能になり、このメリットがきわめて大きいのです。老後に当然必要な備えをする中で、確定拠出年金が最も有利なお金の置き場所なのだから、これを最大限に使うことが合理的だという理屈になります。勤務先に企業型確定拠出年金があればこれを可能な限り最大限に利用するべきですし、個人ではｉＤｅＣｏを可能な限り利用することが得になるでしょう。

また確定拠出年金では、運用で利益が出ても将来受け取る時まで利益に課税（税率は現在約20％強です）されずに、複利で運用ができるメリットがあります。そのため、自分の運用する資産の中で高い利回りが期待できる資産は、確定拠出年金の口座に集中させることが有利なのです。

確定拠出年金での運用商品の正しい選択は、国内外の株価指数に連動する運用を行

う「インデックス・ファンド」と呼ばれる投資信託にほぼ限られます。株式と債券の両方に投資する「バランス・ファンド」と呼ばれるタイプのものや、市場平均よりも高い運用成果を目指すと称する「アクティブ・ファンド」と呼ばれるものは、税制的なメリットを十分生かせなかったり、手数料が高すぎたりするので、不適切だとはっきり言えるのです。しかし、多くの場合、金融機関がより儲けるために手数料が割高な商品をラインナップに並べているので（筆者は「地雷」と呼んでいます）、これを避けるようにしましょう。

つみたてNISAを利用しよう

iDeCoを含めて確定拠出年金には原則として60歳まで自分の資産を引き出すことができないという制約があります。特に専業主婦のような課税される所得が無い人にとっては、利用のメリットが大きくありません。

資産の引き出しが不自由だと感じる人や、60歳を過ぎて確定拠出年金への拠出ができなくなった人、また、投資ができるまとまった運用資金が無い人には、つみたてN

ISAをお勧めします。この制度は投資の利益に掛かる税金を最長20年にわたって免除する仕組みです。長期的にずっと持って運用する方がいい場合が多いのですが、必要があれば取り崩して使えることも安心材料です。

つみたてNISAでは、金融庁が「長期投資に向いた商品」として、百数十の投資信託を対象商品に選びました。販売手数料がかからないことや、信託報酬が安いことが主な選定条件です。実は、率直に言って「長期投資に向かない商品」は「短期投資にも向かない」のであって、つみたてNISAの対象にならないような運用商品には、目を向ける必要はありません。

これから資産形成のために金融資産運用を検討したいと思っている方には、つみたてNISAを利用して運用を学ぶことをお勧めします。

老後に備えてお金をいくら貯めたらよいかは人によります。高所得・高支出の人は多額の備えが必要でしょうし、低所得・低支出の人は現役時代・老後共に低支出でバランスを取ればいいのです。「世間の平均値」ではなく「自分の数字」で計算する必要がありますが、大まかな目安を言うと、**厚生年金に加入しているサラリーマンなら**

手取り収入の２割くらい、国民年金だけのフリーランスなら３割くらいを現役時代に貯蓄・運用しておくと、老後の生活の辻《つじ》褄《つま》が合うはずです。手取り年収が４００〜５００万円くらいのサラリーマンなら、ｉＤｅＣｏとつみたてＮＩＳＡを満額使うとおおよそ十分な額の蓄えになるでしょう。

〈第2章のポイント〉

1 公的年金は、会社の倒産のように破綻して無くなることがあり得ない仕組みになっている。

2 通常の経済状態と健康状態の人にとっては、公的年金の保険料を払うことが概《おおむ》ね「得」になる。

3 公的年金は、想定外に長生きした場合の経済的備えになる「長生きへの保険」として有効に活用したい。

4 確定拠出年金は「企業型」、「個人型（ｉＤｅＣｏ）」共に税制上大変有利なので、なるべく大きく利用したい。

5 確定拠出年金では外国株式と国内株式のインデックス・ファンド（株価指数に連動する投資信託）で手数料の安いもの（年率０・３％未満）を選ぶといい。これら以外の商品は選ばない方がいい「地雷」的商品。

6 つみたてＮＩＳＡの商品は運用の教材として優れている。

年金は税制上のメリットがある保険です。有効に利用しましょう。

第3章

お金を増やしたいなら、新築マンションは買うな！

人生の中での大きな買い物、それは不動産。一生賃貸で住むのがお得なのか？　それとも一軒家やマンションを購入すべきなのか？　私たちを大きく悩ませるこの問題の正解とは？

第3話　「不動産 買うべきか否か」

すご〜い
井上《いのうえ》　大輔《だいすけ》(38)
会社員
年収500万円
妻　麻衣《まい》(31)
会社員
年収400万円
それだけではありませんよ リビングにも作り付けの収納が多数あります
使いやすそうだよなぁ〜
そのうえ周りの環境も緑が多くてご好評をいただいております
全戸南向き
着順申し込み受
落ち着いた雰囲気でこれなら子育てにもよさそう
ここは子育て世代には人気のエリアなんですよ
それにこの物件は小高い丘の上に建ってますから
上層階のお部屋からは都心の夜景や富士山だって見えるんです
夜景が見えるなんて素敵!
う〜んたしかに眺望がいいのはいいかもね…

このあたりは若いご夫婦からファミリーまで住みやすいと評判なんです
新築物件が出るとすぐに完売してしまいます
え！それじゃあ早めに決めないと…
誰か他の人に買われちゃうかもよ
でも予算的にちょっと厳しいし…
賃貸とも比較しないと……
住野井不動産
ご主人様！ご購入頂くとローン支払いが終わった暁《あかつき》にはこの部屋がご夫婦の持ち物になります
このロケーションで9000万円なんて安い安い！
賃貸では家賃を何十年払い続けても部屋は自分のものにはなりません
部屋が自分のものになる支払いと自分のものにならない支払いと
どちらがお好きですか？
住野井不動産
そりゃもちろん！自分のものになる方よ！
ははは

住宅ローン金利が低い今こそが不動産を買うチャンスです
う〜ん
でも駅からの距離がちょっと遠くないかなぁ
その割には値段が高いような気がするし…
にや
いや〜っ若いご夫婦の勝負所ですな
失礼ですがご結婚何年目ですか？
2年目ですがそれが何か？
結婚は恋愛バブルの結末ですが恋愛バブルの平均継続期間は4年くらいです
だいたい4年目までにローンを組んで夫に住宅を買わせることができるかどうかが夫婦の最初の勝負所なんですよ
実に興味深い
どうして勝負なんですか？

住宅ローンには
借り主が亡くなったら
ローンがチャラになる
生命保険が付いています
ご主人が亡くなったら
住宅は奥さんの
ものです
ご主人の恋愛熱が
冷めないうちに
住宅を買わせることが
できるか
これは
大勝負じゃ
ないですか
……
失礼ねぇ
ところで
あなた何者
なんですか？
申し遅れました
私
こういう
者です
あなたのお金の悩み解決します！
ヤマザキハジメ
『あなたの
お金の悩み
解決します！
ヤマザキ
ハジメ？』

私 今日も機嫌がいいので ハイボール1杯で あなたたちの お金の悩みを 解決します
あ ご心配なく 今日はハイボールを 持参しておりますので
これは大人の 水筒です
私が 遠足をする時に 持ち歩いて いるもので 作り方はと 言いますと…
……
こほっ
まあ 水筒の作り方は 後で説明するとして マイホーム購入に お悩みのようですね？
マイホームは たしかに 夢ですよね
でも 持ち家と賃貸
果たして どっちがよいのか 悩んでいるのでは ないですか？

持ち家か賃貸かについてはそれぞれのよさがあります
……
…何？あの人
さあ…
しかし一つだけ言えることがあります
新築マンションを買うことだけはやめるべきです！
！
え…ええと
どちら様かは存じ上げませんがいったい何を根拠にそんなデタラメを…？
デタラメではありませんよ
あなたのお給料はどこから出ていますか？
バサッ

え…？
それはもちろん住野井不動産からですが…
そうですよね
それではこの豪華絢爛《ごうかけんらん》なモデルルームを作ったのは？
それももちろん住野井不動産ですが
ではこの美しいパンフレットや宣伝ポスターそして折込チラシなどの制作費をお支払いになったのは？
もちろん住野井不動産に決まっているじゃないですか！
さすがは天下の住野井不動産ですね
自社のブランディングにも多額のお金をかけていらっしゃる…

ではここで考えてみてください
それら多額のお金はどうやって賄《まかな》われているのでしょうか…？
……
それらはすべてあなたたちが払おうとしているマンションの売価に乗っているんです！
売価
この豪華絢爛なモデルルームも販売を担当する人々の人件費も
ブランディングのためのCMや広告費もぜ～んぶ
加えて利益もたっぷりとマンションの売値に乗せられています！
わっ
売価
ちょっ…ちょっとあなた
ばっ
たしかに豪華なモデルルームやブランディング広告によって夢を見ることは自由です

でも その夢に
本当にそれだけの
価値を感じて
いますか？
あなたたちが
その価値を
信じているなら
何も言いません
でも
大切な予算を
そんな形のないものに
使う余裕が
あるのかどうか
もう一度
考えてみても
いいのでは
ないですか？
ライフスタイル
住まいのプロが
ご提案する
住野井不動産
あなただって
騙すつもりは
ないのだと
思います
でも
相当の金額が
新築マンションの価格に
乗せられていることは
ご存じなはずですよ…
売値の2割から
3割くらいは
利益分ですね
新築マンションを
買って
翌月に売りに出すと
中古マンションとして
その分の価格が
一気に下がりますね
それでもまだ
新築マンションを
買いたいですか？

がくっ…
答えも出たようなので私はこれで失礼をば…
ちょちょっと待ってください！
それじゃぁ僕らはどうすればいいんでしょうか？
そうですねぇ～
では少し私と一緒にハイボール遠足はいかがでしょうか？
ハイボール遠足？
□□緑地公園

…炭酸水を買い半分弱飲みます
そして小瓶のウィスキーを半分入れる
因みに私の名字は山崎《やまざき》ですがハイボールの好みは白州《はくしゅう》です
ハイボール遠足とはこうやってハイボールを自作して散歩することなんですが…
ヤマザキ先生っ
それより僕たちの持ち家問題はどうすればいいのか教えてくださいよ～
そうでした
ハイボールのことになるとつい…
住野井不動産
持ち家と賃貸の選択基準は家の値段です
投資として安ければ買ってもいいし高ければ買わない方がいい
これが大原則です
＝投資商品
と考える
この物件は賃貸に回すと家賃が25万円くらいでしょう
住野井不動産

1年で家賃収入が300万円なので売値の約9000万円に対して3%少々の年利回りですこれでは高い
3%
現実には部屋の修繕費も掛かるし物件が古くなると家賃は下がっていきます実際の利回りは3%もありそうにない
毎年3%の利回りもしくはそれ以下
まあ半値なら購入を考えてもいいかもしれませんが
今の不動産相場は高いので家を買うことはあまりお勧めしません
住宅ローン金利は1%台なので年間3%の家賃利回りならローン金利よりも高いから儲かるのではないですか?
家賃利回り3%
ローンを1%払っても…
いいご質問ですねえ
しかしローンは確実に返さなければならないお金の利回りですが不動産には価格のリスクもありますし
1%
家賃の下落や賃貸に回した時の空室リスクもあります同列には較べられません
3% 2% 1% 2% 0% 1% 0% 1% 0%
3%の利回りでは不足だと私なら考えますせめて5%は欲しいですね
確かに不動産は長期的には株式並みのリスクがあると考えなければならないかも

ガコン
さすがご主人 なかなか鋭い
どうぞ 飲んでください
コーヒー
えっ あっ すみませんっ
まあ今後 引っ越しせず 家族構成も 変わらないなら 持ち家が得になる 場合もありますが
子供の都合や 転職・転勤で 住む場所を 変えたくなったり 老後に子が独立して 家が広すぎるように なったり
そんな 人生の変化には 賃貸暮らしの方が 対応しやすいと 思いませんか
う～ん たしかに
メリット・デメリットを 理解して それでも どうしても持ち家をと いうことであれば 私は中古物件を オススメします
中古物件？

もちろん物件次第ですが中古物件の方が概してお得です
新築物件のような開発業者の利益が乗っていないし築10年を過ぎると価格が大きく下がってきます
お好きなエリアで相場を調べてみては？
なるほど～中古物件か…
よく考えたら家ばかりにお金を多く払うよりその分自分たちのために使った方がいいよね
ちなみに一生賃貸という選択でもいいんですか？
もちろんです！住宅ローンで余計な金利を払うことはありません
だいたい不動産というのは見栄を張るための資産でもあります
見栄…？
そうです 車や腕時計など「移動する」「時間を知る」という用途の価値以上に所持者のステータスを感じたいがために購入する資産がありますよね
不動産も同じです しかも単価が高いので不動産で見栄を張ると高くつきます

だからこそ冷静に自分たちにとって本当に価値があるのかどうか
きちんと見極めてマイホームを購入するのか否かを決めることが必要なんです！
なるほどそこまで考えていませんでした
まずは将来の家族像の設計から考え直してみます！
ヤマザキ先生ありがとうございました！
いえいえ私の方こそハイボール遠足に付き合ってもらえて楽しかった
……
またいい格好をしてしまったな…
でも今回はハイボール遠足だったからお安く済んだし
まいいか

第3話　おわり

「持ち家か？　賃貸か？」不動産との付き合い方はよくよく考えよう

「家は買うのが当たり前」ではない

「いつかは家を買いたい」、「家は買うのが普通だ」と漠然と思っている人が少なくないかもしれません。「一国一城の主」とか「夢のマイホーム」といった、不動産の購入欲を煽るような言葉もあります。**しかし、家を買うことは決して「当たり前」ではありません。もしあなたがそう思っているとしたら、まず、その先入観を疑ってみてください。**

生涯を通じた支出の中でも、住居費は大きな項目の一つです。住宅との付き合い方は、人生を通じて経済生活の良し悪しに大きく影響します。

第3話に登場したモデルルームの若夫婦は、ご主人がマンション購入にやや懐疑的《かいぎてき》でしたが、奥様は購入に前のめりでした。住宅ローンにはほとんどの場合、借り主が死亡した場合に保険金でローンが完済される生命保険が付いているので、妻が夫に住宅を買わせたがる理由になる、というのはいささか皮肉がきつすぎるかもしれませんが事実です。

なお、生命保険への加入を検討する際に「うちは住宅ローンがいっぱい残っているので、一家の大黒柱である俺に万一のことがあると困る……」と思う男性が少なくないようなのですが、住宅ローンには生命保険が付いていて、借り手である夫の死亡時には妻に資産としての住宅が転がり込むのだから、住宅ローンの存在は生命保険を不要、または減額をすることが妥当とするものだと理解するのが正解です。

持ち家または賃貸の判断は家の値段次第

持ち家が得なのか、賃貸生活が得なのかは、雑誌などで人気のテーマの一つで「永遠のテーマだ」などと言う向きもありますが、答えは明確です。**「家の購入を投資として考えた時に、家の価格が安ければ買うといいし、高ければ買わない方がいい」**というのが普遍的な正解です。

自宅は自分が住むので「投資」として考えるのは違うのではないかと言う人がいますが、**自分が住む家の購入は「たまたま自分が店子《たなこ》である不動産への投資」と同じです。**自分が住んでいる物件であっても、転勤や転職、家族構成の変化、子供の都合、自分の健康問題といった様々な要素で転居が必要になる「空室リスク」がありますし、将来転売した場合に値下がりしていると損をする「価格リスク」があることも、投資用不動産と同じです。

投資としての損得を考える場合、**自分が住んでいる不動産は「同程度の物件を自分が借りた場合の家賃」を稼いでいる資産**だとして計算できます。この「稼ぎ」に対して、家の修繕等の費用、税金、ローン金利、「家賃」の値下がり、そして家を売却した時の損失などの「コスト」が十分見合うのかが、損得計算をする上での要素になります。しかし、将来の家賃を推定することも、さらに将来物件を売却する場合の価格を推測することも大変難しい。正確な損得計算はできないのが現実でしょう。

第3話の中でヤマザキハジメは、家賃の不動産価格に対する利回りを考えていて、

「3％では足りないと思う」と話しています。

著者である私は、Ⓐ各種経費を家賃の2割と見込んで0・8倍にした想定家賃に対する年間利回りが、Ⓑ固定の住宅ローン金利＋リスク負担分3％＋家賃の値下がり見込み年率1％、を上回る物件でないと「買うべきではない」というくらいの概算で不動産価格の高低を判断しています。

例えば月の家賃を25万円取れそうな物件の年間家賃は300万円ですが、Ⓐこれを0・8倍した想定年間家賃は240万円です。つまり「240万円÷物件購入価格」が、Ⓑ仮に、住宅ローンを1％の固定金利で組めるとするなら、その1％に、リスク負担分3％と家賃値下がり見込み1％を合計した5％（＝0・05）を上回ることが条件になるので、妥当な価格は4800万円未満だと判断します（240万円÷0・05＝4800万円）。この価格は、元の家賃の年間300万円に対しては6・25％の利回りだということになります。

同様に計算して、「リスク」の負担を相殺《そうさい》する投資利回りを「2％」だと考えた場合でも上限価格は6000万円です。これ以上の価格であれば、「何とも高い」と言いたいと思います。

　ちなみに、年金基金などのプロ投資家が内外の株式に対して想定するリスク負担の対価（「リスクプレミアム」と呼ばれます）は4～6%くらいです。

　近年の不動産価格は、ここで考えたような条件を満たさないくらい高いことが多いので、不動産業者は、できるだけ低利の住宅ローン（変動金利である場合が多いでしょう）を元に月々のローン支払額を提示して、「払える額ではありませんか?」、「家賃と変わらないくらいの返済額です」と購入を勧めて来ます。そして、最後のひと押しとして第3話の業者が言っていたような、「将来は自分の持ち物になる支払い」と「自分の持ち物にならない支払い」を較べさせるセールストークをするのが常套《じょうとう》手段です。物件価格の高低を顧客に考えさせずに感情に訴えます。

　そんな不動産業者に対抗して、**顧客の側では、「当面払える額」で住宅ローンを組んだ想定で住宅購入の可否を検討させる罠に陥らずに、不動産の適切な価格と、自分にとっての適切な（分相応な）不動産購入価格を冷静に考えることが大切です。**

　なお、住宅ローンは、将来の金利上昇のリスクを考えると固定金利を基準に考える方が安全です。

不動産の購入を考える場合のほかの要素

多くの人が、戸建てでもマンションでも、家が自分の持ち物になることを過大評価する傾向があります。しかし、**不動産との付き合いを考える場合には、各種の「人生の変化」と不動産との関係を考慮することが重要です。**

転勤や転職、さらには職場は同じでも勤務時間の変化など、仕事の都合で住居を変えたくなることがしばしばあるはずです。

また、働く人の都合だけでなく、子供の学校と住居の立地、子供の成長（その先には独立）などに伴って、住居の適正サイズや間取りにも変化が起こり得ます。子供の学校を変えたいために引っ越すということも生じる場合があります。また、歳をとると便利な場所に住みたいと思うこともあるでしょう。こうした変化に対して「持ち家」は重荷になることがしばしばあります。

また、近年の少子化を考えると、例えば、一人っ子同士の男女が夫婦になった場合、夫も妻も親の持ち家を引き継ぐことができるとすると、家が一軒余るといった現象が起こります。

持ち家の場合、常に「この家は売れるか？」、「売った場合に幾らになるか？」を把握しておく必要があります。

賃貸では過剰消費に注意

持ち家のリスクとコストについて述べましたが、持ち家でローンを返している場合、それが投資としては多少損であるとしても、持ち家の人は「資産としての住宅の形で貯蓄を行っている」ということを、賃貸生活の人は意識しておく必要があると申し添えておきましょう。

賃貸生活の人が、持ち家の人が住宅ローンを返済しつつ行っている貯蓄と同額の貯蓄しかしていないのだとすると、その人は持ち家の人よりも老後の資産額が小さくなりそうです。持ち家でも、賃貸暮らしでも、必要額を計算して将来に備えた貯蓄と投資をしているなら問題はありませんが、**賃貸暮らしの人は往々にして過剰消費に陥り、**

貯蓄額が不足する傾向があります。

「持ち家か、賃貸か？」は、しばしばライフスタイルや好みの問題として片付けられることがありますが、経済的な側面をしっかりと考えましょう。

第3章のポイント

1 家を買うことが「常識」だと思う先入観を疑え。

2 ほとんどの住宅ローンには、借り主が亡くなった場合に保険金でローンが完済される生命保険が付いている。

3 家を買う方がいいかどうかは、投資として考えた場合の家の価格次第だ。価格が十分安ければ買ってもいいし、高い場合は買わない方がいい。

4 将来の転売価格、家賃の変動、空室の可能性などは、不動産の価値を想定する上でのリスク要因。リスクを考えると、不動産の利回りはローンの金利程度では全く足りない。

5 転勤、転職、子供の学校、家族構成の変化、自分の健康状態の変化など、住み替えが必要になる「人生の変化」の可能性を過小評価しない方がいい。

6 賃貸暮らしの人は、過剰消費に陥る場合があるので注意しよう。将来（主に老後）に備えて計画的に貯蓄・投資することは重要だ。

自宅の購入も住宅投資として判断しましょう。

第4章

お金を増やしたいなら、生命保険には入るな！

医療技術が進化するのに歩みを合わせて、内容も細分化していく生命保険。テレビのCMでもおなじみの「がん保険」など、そもそも各種保険は本当に必要なものなのかを検証します。

第4話　「生命保険は入るべき?」

保険のご案内
ZYX生命
れいか(32)
クラブ　ホステス
年収1000万円
貯金600万円　独身
一人暮らしで老後が心配って言ってたでしょ
だから年金保険のしっかりしたのを選んでおいたよ
僕の奥さんになればちゃんと守ってあげるのに
バツイチの僕じゃあダメかい?
お気持ちは嬉しいけど私は一人で生きていく運命なのよ
貯金もしてるし
保険のご案内
あ〜あ
僕にできるのはれいかちゃんを保険で守ってあげることだけか
ありがとう!渡辺さんって本当に頼りになるわ
あとねこのお仕事は時間が不規則だし健康が心配でしょ
医療保険で保障が手厚いやつを選んでおいたよ
先進医療や女性特有の病気にも対応しているから安心して働けるよ
保険のご案内
ZYX生命

今月中なら好条件で契約できるからね
ちょっとトイレ行ってくるから考えておいて！
確信を持って言いますが……
その保険
2つとも入らない方がいいですよ
保険のご案内
ZYX生命
THE YAMAZAKI SINGLE MALT WHISKY
山崎
12
あ 申し遅れました 私こういう者です
あなたのお金の悩み解決します！
ヤマザキハジメ
ヤマザキハジメ？

私 今日も機嫌がいいので ハイボール1杯で あなたのお金の悩みを解決します
あっ もちろん自分のボトルで飲んでいますから ご安心を
生命保険でお悩みなんですよね？
え？ ええええ？
は…はい…
でも そのパンフレットの年金保険も医療保険も
契約しない方がいい保険ですよ
えーと 生命保険はそれなりに私の不安を解消してくれるかと思っているんですが…
銀座のホステスさんは日本文化の宝なのに
あの男 こんなひどい保険を勧めるなんて許せないな
ちょ ちょっと
どなたか存じ上げませんが 私のお客さまを悪く言わないでください……

あれ？あなたはどなたです？
ここは私とれいかちゃんのテーブルですよ
これはこれは失礼いたしました私ヤマザキハジメという者です
せっかく銀座で飲んでいるのにひどい保険商品をセールスしているので黙っていられなくなったのですよ
カチン
失敬《しっけい》な！
私はれいかちゃんのためを思って心からいいと思う保険を勧めているのに
そうよ
渡辺さんは外資系のZYX生命日本支社の副社長をされているエリートで保険のプロなんですよ
保険の専門家が勧める保険が悪い商品のはずがないわ

副社長？
ああ ヴァイス・プレジデント（VP）ね
外資でVPっていうと ヒラの1段階上 くらいの役職で 日本企業なら 課長くらいの ものだけど……
まあ そこは いいとして
問題は あなたの勧めている 保険が ダメな商品だって ことですよ
か〜〜っ
聞き捨てならん！
どこがダメか 言ってみろ！ 話によっては 許さんぞ！
きゃっ
やめて 渡辺さんっ
まあまあ 興奮しないでください 副社長さん
ここは銀座です 紳士的に話をしましょうよ

ダメな理由は大きく2つあります
どちらの保険もこちらのお嬢さんには不要だし何よりも損だということです
は？彼女には老後の備えが必要ではないとでも？
備えは必要ですがこの年金保険ではダメですよ
この保険は20年後に払込額の120％以上のお金が確実に返って来るんだぞ
いい商品じゃないか
でも それはドルでの話でしょう
将来のドルの為替レートが大幅に円高になっていたら？
実質元本割れもあり得ますよ
確かにそれは心配ね

アメリカと日本の国力の差を考えたら円高はあり得ないと僕は思う
百歩以上譲って仮にドルの為替レートが将来円高にはならないとしましょうか
しかしその場合でもこの保険はドル建てでせいぜい年率1・5%の利回りでは割が悪い
今なら米国の国債を買っても2%台の利回りですよ
失礼ながらZYX生命の信用度は米国債よりも大きく劣るからさらに1%くらい利回りが高くないと割に合わない
違いますか?
保険の
ZYX生命
将来円高でも円安でもここの商品はダメなのですよ
……
この人は契約者に不利な条件の保険を売ってセールスの実績を上げようとしていたのですよ
危ないところでしたね
でもこの商品はただの運用商品じゃなくて保険なんです!

保険部分にも多少の価値はあるのだけど保険料に換算すると微々《びび》たるものです
契約者が亡くなったらそれまでに払い込んだ額以上の保険金が支払われるんです！
お嬢さん自分が死んだ後に誰かがお金を貰って嬉しいですか？
嬉しくないわ そのために毎月支払うのは嫌よ
……
しかしれいかちゃん医療保険に入る必要性は否定できないんじゃないかい？
ホステスはこの身体が資本なんだよ？
渡辺さんそんなに見ないでください
確かにこの仕事をしてもう10年…
一番心配なのは健康よね
医療保険に入ったからといって病気に罹《かか》る確率が小さくなる訳ではありません
そこのところをよ～く考えてみてください

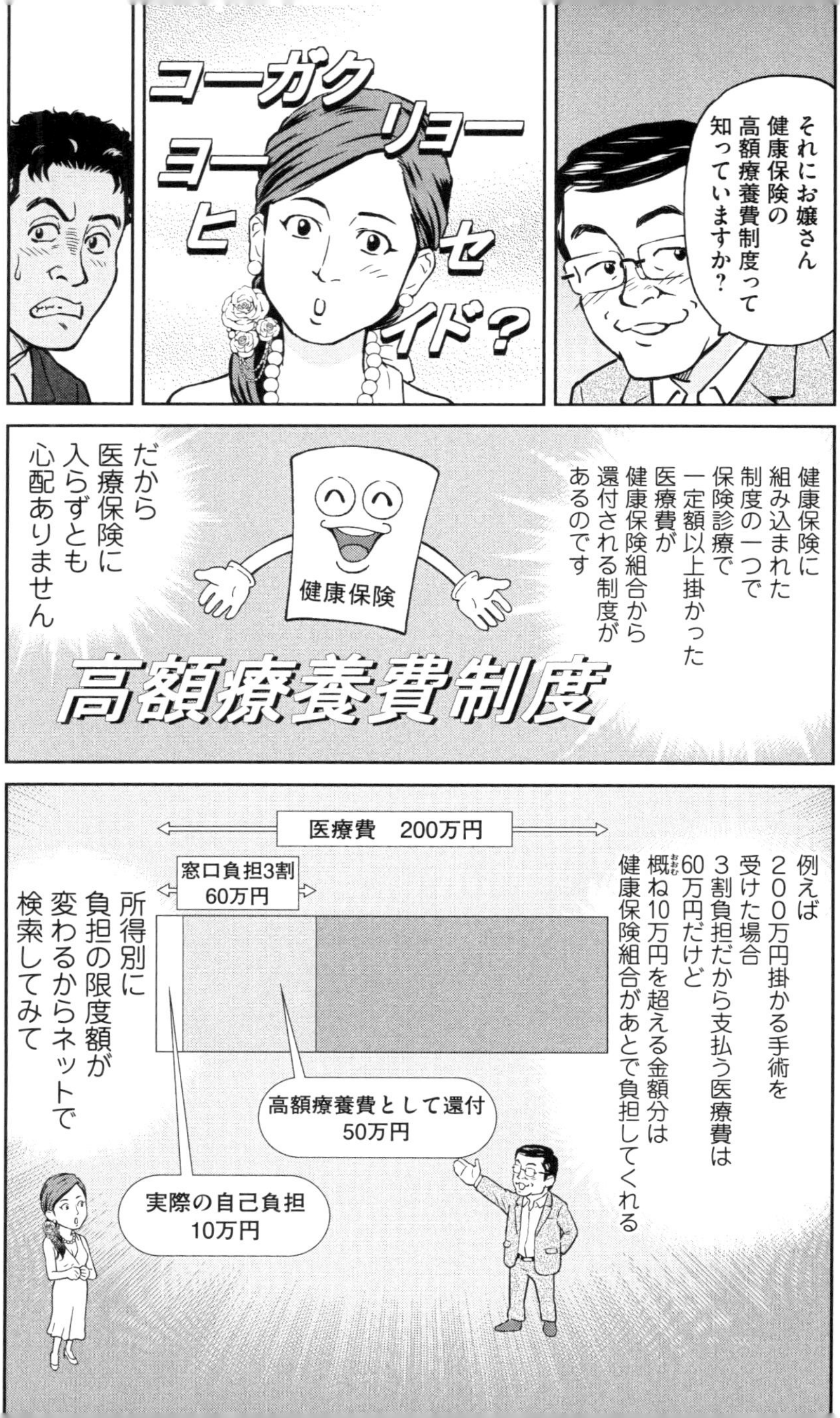

それにお嬢さん
健康保険の
高額療養費制度って
知っていますか？
コーガク
リョーヨーヒ
セイド？
健康保険に
組み込まれた
制度の一つで
保険診療で
一定額以上掛かった
医療費が
健康保険組合から
還付される制度が
あるのです
健康保険
高額療養費制度
だから
医療保険に
入らずとも
心配ありません
例えば
200万円掛かる手術を
受けた場合
3割負担だから支払う医療費は
60万円だけど
概《おおむ》ね10万円を超える金額分は
健康保険組合があとで負担してくれる
医療費　200万円
窓口負担3割
60万円
高額療養費として還付
50万円
実際の自己負担
10万円
所得別に
負担の限度額が
変わるからネットで
検索してみて

しかも民間生保の医療保険は将来の医療費支払いに対して払い込む保険料が大きくて割が悪い
xxxx-xxx-xxxx
医療保険
今すぐ検索
○○生命
高額なテレビCMの費用もすべて契約者が支払う保険料で賄《まかな》われている
簡単に言うと医療保険は不要でかつ損なんです
儲かるのは保険会社だけです
生命保険っていらないものなんですか？
保険というもの自体は悪いものではないと私は思っています
発生確率は小さいが発生時の損害が大きな事に対して備えることができる賢い仕組みです
困った時に助けになる保障
とはいえ日本の生命保険の保険料は保障内容に対して高すぎるし
しかも実質的な手数料が明かされていないこの状況は消費者保護の観点から大問題です

じゃあ生命保険が必要なのはどんな場合なんですか？
現状では稼ぎ手に万一の事があった時に頼れる資産や親族がない
そんな夫婦に子供が生まれた場合くらいかな
ネット生保など保険料の安い保険会社を探して掛け捨ての保険に入るべきです
ネット生保
え？
掛け捨ての方がいいんですか？
そうです
お金が返ってくる保険は保険会社の保障の商売と運用の商売の両方に手数料を多く払う仕組みになっていて掛け捨ての保険より劣ります
保障
掛け捨て
運用
保障
貯蓄型
保険が必要なのはそれだけですか？
あとは相続税が問題になるくらいの資産を持っていれば生命保険が有効な場合がありますが
普通の人にはこれくらいかな

私は…
老後に備えてどうしたらいいでしょう?
計画的に貯金してそのお金を適切に運用することです
?
あなたはサラリーマンではないので厚生年金に入っておらず国民年金だけだから
リスク運用
無リスク運用
普通預金
手取りの3割くらいを貯めておいて一部を投資に回すのがいいでしょう
手取り
投資の方法は私が書いた本でも読んでみてください
簡単ですよ
……
あの…ヤマザキさんでしたね
実は仰《おっしゃ》ることはよくわかります
私以前は証券会社に勤めてましたから
そこをリストラされて家族の生活を支えるためにこの世界に入って…
今は家族とは別れてどうしているかも知りませんがね…

会社の営業目標が気になってついれいかちゃんにまで保険を勧めてしまった
ごめんれいかちゃん
渡辺さん…
実は私個人としては今の仕事に疑問を持っていました
本当に人の役に立っている仕事だと思えないことがあるんです
もっと保険料が安いネット生保にでも転職しようかと思うことがあるのですが
どう思われますか?
おやこれは意外な
生保マンから人生相談ですか
まじめにお答えしましょう
自分の仕事の価値に疑問を感じてしまうと肝心な時に頑張りが利かないし自分を疑うようになります
経済的に少々豊かでもこれは幸せではない

その転職はいい転職ではないでしょうか
大いに考えてみる価値があると思います
よろしかったら私のボトルを飲みませんか
人生を前向きに考えながら一緒に飲みましょうよ！
山崎12年があるのはさすが銀座です
ハイボールには少々もったいないけれどもよく合いますよ
またいい格好をしてしまった
しかし他人の商売の邪魔をしたのだから
まあいいか…

ヤマザキさん ありがとうございます
御礼に私から ボトルを1本 プレゼントします
その代わり また来てくださいね
運用についても お話を聞きたいわ
THE YAMAZAKI SINGLE MALT WHISKY 山崎 12
これは 凄い!
さすが銀座 ですねぇ
ヤマザキさん 気をつけて
銀座では こういう サービスこそが 後で高くつくので……
全然 聞いてない
ま いいか

第4話　おわり

生命保険の本質は「損な賭け」です！

生命保険は加入者が得をしない

まず、生命保険に限らず、保険というものの本質を確認しましょう。次の問いについて考えてみてください。

保険に加入することが加入者にとって平均的に得なことなのだとすると、何が起こるでしょうか？　そう、保険会社が潰《つぶ》れます！　保険の本質を一言で表すと、加入者にとって「損な賭け」なのです。そうでなければ、ビジネスとして成り立ちません。**平均的には損な賭けであることに加えて、将来の当たり外れを見通すことはできないのですから、保険は「必要に迫られて、やむなく、最小限に使う」のが正解であり、大原則なのです。**漠然と安心するために保険に入るのではなく、〝仕方なしに〟〝少し悔しくて〝苦々しい思いで〟保険に入るのが正しいのです。

誤解して欲しくないのですが、「すべての保険は不要だ」と言いたいのではありません。「滅多に起こらないけれども、起こった時に大きな損が発生する事態」に備えるうえで、保険は大変優れた仕組みであり、人類の英知が生んだ大発明の一つです（これだけ褒《ほ》めておけば、後に遠慮は要《い》るまい……！）。

いずれも滅多に起こらないけれども起きた時の損害が大きい、火災に備える火災保険、自動車事故に備える自賠責《じばいせき》保険などは適切で必要な保険ですし、生命保険の一部もそのような意味で必要な場合があります。

ただし、例えば十分にお金を蓄えていたり、いざというときに頼ることのできる家族や親族などがいたりする場合には、一家の稼ぎ手が亡くなる状況に備えるための生命保険は要りません。

また、病気や高齢化のような誰の身にも起こりうるありふれた現象に備えることに対して、保険は不向きです。**がん保険を含む民間生保の医療保険は健康保険があれば不要ですし、近年は外貨建てが多い年金保険や貯蓄性の高い終身保険なども資金の運**

用手段として不利なものばかりです。どちらも第４話の主人公が危うく加入しそうになった保険ですが、いずれの場合も、保険を使うよりは、貯蓄と投資で備える方が合理的です。病気や老後のための備えは、十分な貯蓄や金融資産があれば対応できるはずです。

生命保険は利幅の大きな商品

保険をセールスする人たちは、人間の「漠然とした不安」や「安心したい」という感情に実に巧みにつけ込むので気を付けましょう。そして、生命保険にあっては「実質的な手数料」が大きいことと、それが顧客に明かされていないことが大問題です。

本書の第１話で、投資信託の手数料を問題にしました。投資信託は購入時手数料が２～３％、信託報酬が年率１・５％といったレベルの手数料ですが（それでも大きな問題です）、生命保険の場合はそれを大きく上回ります。生命保険の種類等によって異なりますが、その多くは法外な手数料をとっていると推察できます。**典型的な死亡保障に医療保障など各種の特約がついていて、満期にはいくらか返戻金《へんれいきん》があるような**

保険では、契約者が支払っている保険料の3割以上が、契約者にとっては保障のためにも貯蓄のためにも使われない、保険会社の経費や利益に当てられる「実質的な手数料」だと推定されます。

推定されると歯切れの悪いことを言うのは、**本来は商品を評価するために不可欠な実質的な手数料の情報が顧客に対してほとんど公開されていない**からなのです。生命保険は保険料の支払い累計額が数百万円から1000万円を超えることもある高額商品であり、さらに商品の内容も投資信託よりも遥かに複雑です。そうであるにもかかわらず、手数料が公開されていない状況は「消費者保護上の大問題だ」と筆者は常々憤《いきどお》っていますが、**まずは「生命保険は実質的な手数料がバカ高い、ボッタクリ商品なのだ！」と理解しておくといいでしょう。**

専門的に言うと、契約者が支払う保険料は、保障や貯蓄のために必要だと計算される「純保険料」と、契約者のためには使われずに保険を販売した人に支払われる報酬（多くは数ヵ月から1年分くらいの保険料）や生命保険会社の維持費用や利益などに回る「付加保険料」（普通の商品で言うと「粗利《あらり》」）とで構成されます。加えて、純保険料も、契約者が死亡する確率などを生命保険会社が有利になるように設定するなど、**保険会社が儲かる仕掛けが随所にたっぷり仕込まれています。**

保険のセールスは「手数料の塊」

生命保険は、歴史的な経緯もあって、セールスする人が手間をかけて売る代わりに、セールスする人の懐に入る実質的な販売手数料が高いビジネス・モデルが続いています。

保険会社のセールスマン（「セールスレディ」の方が多いかも知れませんが）も、銀行など生命保険を売る金融機関も、街角でよく見る複数の保険会社の保険を売る保険ショップも、さらに次の第5話に出てくる保険を売るFPも、保険が売れると少なからぬ報酬を受け取ることができます。

何としても保険を売って儲けたいと思うのが当然ですし、それなら保険会社から貰える報酬が大きな保険を売りたいと思うのも自然なことです。

なお、生命保険のセールスは成果に応じた収入が得られるので、上手く行くと高収入を得ることができる職業ではあります。**だからこそ、彼らから保険を買ってはいけませんし、保険について彼らに相談することは不適切です。できれば、彼らとは接触しない方がいいと申し上げておきます。**

生命保険が適切な場合とは？

さて、率直に言って民間生保の保険商品の多くはそもそも不要であり、金融商品として損です。公的年金のあれこれや健康保険の高額療養費制度を知っていれば、民間生保の保険に入って割りの悪い保険料を支払うよりも、そのお金を貯蓄に回す方がずっといいことがわかるはずです。

それでも、「普通の人」が生命保険を使うことが合理的になる場合が二つだけあるので、ご紹介しておきましょう。

一つ目は、経済的に余裕がなく、いざという時に頼ることのできる親族等がいない夫婦に子供ができた時です。この場合は、子供が成人するまでの期間、主な稼ぎ手の死亡保障ないしは就業不能保障の保険に入るといいでしょう。ただし、**保険のサイズ**

は小さめに、また期間は子供が成人するまでで、かつ保険料が安いネット生保ないしは共済で（傾向として若い人の保険料はネット生保が安いのですが、年齢が上がると共済のほうが安い場合があります）、必ず掛け捨ての保険に入りましょう。

貯蓄性ゼロの掛け捨ての保険がいい理由は、満期などに返戻金のある保険は、掛け捨てでいい保障の部分に加えて、貯蓄・運用の部分についても保険会社に余計な手数料を取られるからです。

二つ目の生命保険の用途は、今の税制で相続税を課税されるくらい大きな財産を持っている人が、相続対策で生命保険に加入する場合です。相続人一人当たり保険金500万円が相続税非課税になります。

お金を扱う上で「人間リスク」に注意すべきだということは、本書の大きなテーマの一つですが、生命保険は特に人間のリスクが大きな商品です。

新米の生保のセールスマン（レディ）が親戚や友人に商品をセールスするのはよくあることですし、金融機関も近年は収益環境が厳しいため、販売した際の手数料が大きい生命保険を熱心に売っています。また、街角にある複数の保険会社の保険を扱う保険ショップに相談に行くのもよくないし、第5話で紹介するようにFPが保険を売って保険会社から報酬を貰うようなケースもあります。だからこそ、報酬を受け取る人の勧誘を受けたり、その人に相談をしたりするべきではありません。生命保険においても「お金の問題では人間を相手にすると幸せになれない」のです。

〈第4章のポイント〉

1 生命保険に限らず、保険の本質は「損な賭け」なので、生命保険は節約しよう。必要最小限の「保険金、期間、保険料」が大原則だ。

2 生命保険は、売り手が取る利幅が非常に大きい商品であり、契約者にとっては損な商品だ。

3 十分な貯蓄があれば生命保険は要らない。保険料は必要最小限に抑えて、早く「保険を卒業」しよう。同じお金を払うなら、保険料よりも、自分で貯蓄・運用する方が得だ。

4 例えば、がん保険に入ったからといって、がんになる確率が小さくなるわけではない。「漠然とした不安」や「漠然とした安心感」のために保険に加入すべきではない。

5 保険を売ることで利益を得る人を警戒しよう。生保のセールス、街角の保険ショップ、保険を売るＦＰ、友人、親戚、全てが要注意だ。

保険の利用は最小限が大原則。お金を増やすことには不向きです。

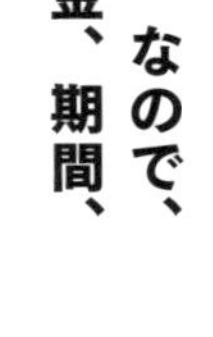

第5章

お金を増やしたいなら、FP《ファイナンシャル・プランナー》に騙されるな！

いわゆるお金の専門家として目にする機会も多いFP（ファイナンシャル・プランナー）って、いったい何者なの？　そんな疑問に答えると同時に、巷にはびこる悪徳FPを一刀両断に斬り捨てます！

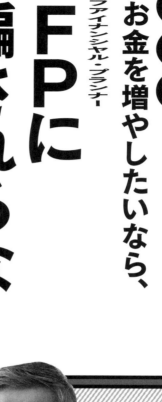

RESTROOM

第5話　「悪徳FPの口車に要注意!」

ヨッ 若社長! なんか嬉しそうだな
親父さんから引き継いだ内装の会社
すごく調子がいいらしいじゃない

え? わかる?
まあ それもそう なんだけどね
中村《なかむら》　健太郎《けんたろう》(39)
会社経営
既婚(子供一人)・年収900万円

実は今日 有名な お金の専門家に 相談に行ってきたんだ
こんな 不安定な 世の中だからね
会社だけじゃなく 自分の将来のことも しっかりして おきたくてさ
へぇ そうなんだ
そしたら 俺にぴったりな 提案を してもらえてさ
これで 俺の老後も 安心だよ
かんぱ〜い
なるほど それは めでたいね
まず 家計から 見直すんだ
支出の 切り詰め方から アドバイス してくれてさ
そんなことまで してくれるの？
うん 節約の方法も いろいろでさ
まず スマホの SIM《シム》を替えて 通信費を 抑えるでしょ

それに食費や小遣いも減らし方を指南してくれたよ
ピク
さらに生命保険の保険料が安くなる見直しに…
それを前提にお金の運用方法まで紹介してくれたんだ
さすが超売れっ子の有名FPだけあって至れり尽くせりだったよ
それはすごいな
マスターにも今度紹介してあげるね
すたすた
失礼ですが
その人本当にお金の専門家なんでしょうかね？
その家計の見直しは本当に適切ですか？
な…
なんですか藪《やぶ》から棒に…

この秀嶋《ひでしま》さんは雑誌やテレビにも出ている有名なＦＰですよ
ご存じないんですか？
ファイナンシャル・プランナー
秀嶋龍一先生
講演会
×月×日
あ～自称マネードクターの秀嶋さんですね
まあ あれだけメディアに出ているからこそ怪しいんですがね
誰？常連？
あ 申し遅れました
ヤマザキハジメと申します
私 今日も機嫌がいいのでハイボール１杯でお金の悩みを解決してあげようかと思いまして…
お金の悩みを解決…？
あなたのお金の悩み解決します！
ヤマザキハジメ
それであなたは何を相談されたのですか？
それは老後の資金運用とか家計全般についてですが…

なるほど…家計全般ですか…
そうするとそのFPが提案してくれたアドバイスは例えばこんなことではなかったですか？
①格安SIMで通信費を抑えよう
②食材はまとめて買って金額を抑えよう
③ご主人のお小遣いも見直しの余地がある
格安SIMで通信費を抑えよう
食材はまとめて買って金額を抑えよう
ご主人のお小遣いも見直しの余地がある
ま まさにその通りですが
秀嶋さんが言いそうなのはそんなところでしょう
えっ？
いやいや失礼
ところで節約にもいい節約とダメな節約があるのはご存じですか？
いい節約とダメな節約？

そうです
いい節約には
3つの条件があります
①確実に節約できること
②ストレスがないこと
③実害がないこと
確実に節約できること
ストレスがないこと
実害がないこと
の3つです
それなら
秀嶋さんの
アドバイスは
すべて
当てはまり
ませんか？
いえいえ
じっくりと
考えて
みてください
SIMカード
格安SIMを使った
節約はともかく
食費とお小遣いは
ダメな節約ですね～
えっ
なんでです？
まずは
食費の節約です
これは毎日
意識するので
ストレスが
溜まります
もやし
ラーメン
3分
レトルト
食事は
栄養とともに
満足感が
必要なものですよ
それに付き合いで
外食するようなことも
あるので
効果が不確実です

私のお小遣いはどうなんですか?
自分のお小遣いも見直そうという心がけは感心ですが例えば交際費を人脈への投資と考えればこれは必要な経費ですよ
それに小遣いを減らすと仕事のやる気が削《そ》がれますよ
こうしたバーでの気分転換も減る
それは困るなあ
つまり秀嶋さんのアドバイスは親身なアドバイスではなくて数字合わせをしただけでしょう
浮いたお金で投資でもさせたいのでしょう
むむむ…そうなんですか
本来節約は大きな固定費から見直すのが定石《セオリー》です
例えば住居費とか生命保険料とかね
それなら生命保険の見直しをしてもらいました!
生命保険の見直しですか
やっぱり来ましたかふむふむ…
典型的な腐《くさ》れFPの手口ですねぇ
く…腐れ?

たまたまウチで親しくしている会社の保険だから有利に見直せるなんて言っていませんでしたか？
えっ！その通りですが何か…？
今まで４万円かかっていた保険料を３万円を切るところまで節約してもらったんですよ！
どこがいけないんですか？
でも前の保険を下取りしてもらって新しい保険契約に変えたんでしょう
前の保険が持っていた積立金を次の保険の割引に流用して保険料を下げるのです
そして新規の保険に入らせるから秀嶋さんにはたぶん保険料の１年分近い手数料が保険会社から支払われる
彼はこれだけで相談料の何倍も儲《もう》けましたねぇ
その保険の見直しは頼んでもいないのにやってくれたでしょう
典型的な保険の見直しの手口です
そっ…
そんな仕組みになっているんですか
いやはや見事にカモられましたねアナタ！
これはお金の相談に関しての鉄則なんですが…

商品を売って儲けている人に相談してはいけなーい！

はっ
はい――っ！

ちなみに秀嶋さんは家計の見直しで浮いたお金とあなたの貯金で運用商品の購入を勧めましたよね？

はい…

でもそれは証券会社が販売している投資信託ですから
秀嶋さんから買っているわけでは…

大手の××証券のいい商品だからと…

××証券には知り合いがいるから紹介するとかなんとか言っていませんでしたか？

……はい

しかし証券会社の店頭で買う販売手数料が3%も掛かるような投信なんてダメなものに決まっているじゃないですか！
0.5%ルール
0.5%以上は高いと心得よ
秀嶋さんはよく××証券のセミナーの講師をしているし時には広告にも協力しています
××証券
こういう仕事はFPの相談よりもお金になります
恐らくいいカモを紹介すると××証券に感謝されるのでしょう
世の中のFPってそんなに信用できない人たちだったんですね…
全部が全部そうとは限りませんが…
秀嶋さんの場合は状況証拠的には真っ黒です
専門的な知識も怪しいものでしょう
マスコミ受けがいいだけですよ
だいたい悪徳FPのやっていることは似たようなものです
節約のポイント
秀嶋龍一先生
講演会
×月×日
あの秀嶋先生があなたの悩みに答えます
秀嶋先生の投資術
近年不動産屋に客を紹介して成約したら後で結構な謝礼をもらうような手口もありますね
あとは…
ヤマザキさんもう結構です

おかげで目が覚めました
保険はまだ契約していないし××証券の人と会うのもやめます
そうですか 私も悪徳FPの被害を水際で食い止めることができていい気分です
マスター ハイボールを2杯お願いします
どうです ハイボールで乾杯しませんか？
本当にありがとうございます
ところで 今度の週末にお付き合いいただきたい所があるんですが
HOTEL
ファイナンシャル・プランナー
秀嶋先生講演会
秀嶋先生　講演会

秀嶋先生懇親会
…
これはこれは中村さん
先日はありがとうございました
知り合いのヤマザキさんと一緒に参加させていただきました
はじめまして秀嶋です
今日は拙《つたな》い講演を聞いていただきましてどうも
本当に拙いお話でしたね
公的年金の支給は偶数月だから奇数月に分配される投信を組み合わせて『自分年金』を作りましょうなんて
××証券のセールスの片棒担ぎですか
まともなFPの言葉とは思えませんね
えっ?

え〜どこのヤマザキさんかは存じ上げませんが
ちょっと失礼ではありませんか？
そうでしょうか？
アナタがFPの肩書を使って相談と称して顧客の皆さんを食い物にしている
このことの方がよほど失礼だと私は思います
何なんですかあなた！
私のどこが顧客を食い物にしているというんだ！
名誉毀《き》損《そん》で訴えるぞ！
ニヤリ
政治家とかタレントには名誉毀損という言葉が好きな人が多いですねぇ
あなたもタレント気取りのFPだから同類なんでしょう
ではお聞きしますがあなたは保険の見直しと称して相談に来た客に新しい保険を契約させて保険会社から裏でお金を貰っていますよね
保険によって少し違いますが保険料の数ヵ月分場合によっては1年分くらい受け取っているはずです

でも お客さんは このことを 知らされて いませんよね
これは商売として 汚いし これこそ失礼と いうものでは ありませんか？
知らなかった
秀嶋先生 本当ですか？
いや 私はただ みなさんの保険の 見直しのお手伝いを しているだけで…
嘘よ そんなこと ないでしょ！
保険を 売るなとは 言いません 誰かが 売るのですから
ただ FPの看板で 保険を売って 裏でお金を もらうのは やめた方がいい
中立的な アドバイスと 両立しません から
あなたは FPではなく 保険販売員とでも 名乗って商売を するべきなんです
あ あんた…
いったい 何者なんだ…

申し遅れました
ヤマザキハジメ
私
こういう
者です
…あなたの
お金の悩み
解決します!
ヤマザキ
ハジメ?
あんた
…
あの経済評論家の
ヤマザキハジメ
だったのか!
あなたにも
まだ良心が
残っているなら
今日はこのくらいで
見逃します
せめて
心を入れ替えて
これからは
顧客に対して
正直な商売を
してください
わ…
わかり
ました…
ヤマザキさん
私のお金の悩み
聞いてください!
ずるい!
私だって
アドバイス
してほしい!

私 今日も 機嫌がいいので ハイボール１杯で あなたのお金の悩みを 解決しますよ
それでは 河岸《かし》を変えて 皆さんのお悩みに お答えしましょう
キャーーッ
すごーい！ 今日は ヤマザキ先生の おごりだって！
ピクッ
また いい格好を してしまった
しかも こんなに 大人数…
ま いいか
ハイボール もう１杯！
HOTEL

第5話　おわり

FPに気を付けて！正しい相談相手の選び方は？

FPはどの程度「専門家」なのか？

皆さんは、新聞や雑誌、あるいはテレビなどでFP（ファイナンシャル・プランナー）という肩書で、お金の専門家が発信するアドバイスや意見に接する機会がたびたびあるのではないでしょうか。

人生のお金の問題は、節約と貯金、老後の生活設計、お金の運用、不動産の取得や賃貸、生命保険、相続、税金対策など多岐《たき》にわたります。FPは、こうした問題に関して、しばしば「専門家」として登場しますが、果たして彼らの話をどの程度信用していいのでしょうか。

もちろん問題の難しさや個々のFPで差がありますが、「時々は信用できるが、時々

は知識不足だったり、背景が怪《あや》しかったりする場合がある」というのが、筆者の正直な感想です。

例えば、投資信託のような運用商品や、生命保険の商品など、具体的な金融商品に対するＦＰの知識は、多くの場合、銀行、証券会社などの金融機関や、生命保険会社の内勤社員の知識に劣ります。**しかし、本来は、商品を評価し比較し顧客にアドバイスするためには、金融機関の社員よりも一歩深い知識を持っていなければならないはずです。**

また、税金の具体的な話は税理士に相談しなければならない事が多いし、不動産取引についても不動産会社の社員ほど詳しくないし、筆者が専門とする金融資産の運用に関しても、初歩的な知識すら持っていないし、もちろん使えてもいないＦＰが目に付きます。

ＦＰの資格は民間の団体が認定しています。ＦＰ技能士として国家検定制度の対象になっていますが、税理士や弁護士のように、この資格がなければできない業務があるといった独占的な業務エリアを持つ資格ではありません。

このことは、ＦＰの知識が中途半端であることと同時に、ＦＰという資格だけでは食べていくことが難しいことにつながり、結果的にＦＰの活動が好ましくない方向に歪んでしまう原因になっています。

一方で、多くのマスコミは、いかにもお金の問題の専門家であるかのようにＦＰを扱って彼らのコメントを記事に載せます。これは、ビジネス上の利害や業務上の秘密のある金融機関の関係者から正直なコメントを取るのが難しいことと、メディアに登場したいＦＰが記事にしやすいコメントを出してくれること、ＦＰがメディアにとってもスポンサーである金融機関にとっても都合のいいコメントをしてくれる場合が多いことなどによるものでしょう。

筆者がＦＰに対して警戒心を抱いている理由の第一は、なにより多くのＦＰにあって専門知識が不十分であることです。

ＦＰは何で食べているのか？

ＦＰを警戒すべきもう一つの理由として、ＦＰが生命保険や投資信託などの商品を販売して、そこから得られる手数料を収入としている問題が挙げられます。

例えば、生命保険会社と代理店契約を結んだＦＰの事務所が新規に保険を売ると、生命保険会社から報酬を得ることができます。そのような条件があると、ＦＰは、顧客に新たに保険を契約させたいと思うでしょう。保険を売る事で得られる利益がＦＰの相談料の何倍にもなるケースが多々あります。こうして得られる利益のために、ＦＰのアドバイスが歪む可能性が大いにあります。

現在、独立したり会社を作ったりしても、そもそも相談依頼がそれほどないし、一時間当たり１万円とか１万５０００円といった相談料だけでは十分な収入にならないＦＰが数多くいて（相談のために準備の時間がかかることを考えると、大いに儲かる報酬だとは言えません）、多くのＦＰが生命保険会社と代理店契約を結んで生命保険の販売に対する報酬を得ています。第５話の中で悪徳ＦＰが主人公に提案したような保険の転換（保険の見直し）も、顧客に新規の保険契約を結ばせて、保険会社にとって実質的な手数料収入が大きい時期（契約時から２年間くらいです）を保険会社に提供する、よくある「手口」の一つです。

生命保険以外にも、証券会社と証券仲介の契約を結んで売買等で得られた手数料を証券会社から受け取るFPもいますし（「IFA＝Independent Financial Advisor」を自称する業者が多い）、マンション投資など不動産取引の顧客を紹介して不動産売買代金の1～3％くらいの謝礼を不動産業者から受け取るFPもいます。それぞれ上手くやると、ビジネスとしていい収入になります。

また、銀行、証券、保険といった会社が主催する講演やセミナーなどの謝礼は、おしなべてFPの相談よりも時間効率のいい収入になります（人にもよりますが、一回数十万円である場合が多いでしょう）。**金融機関主催の講演やセミナーに呼ばれるFPが、その金融機関が扱う商品に対して「好意的な」意見を言うようになりがちなのも、経済合理的な現実です。**

第5話に出てくるような有名FPは、顧客に生命保険を紹介することで収入を得ていますし、大手証券会社が主催する講演会やセミナーの常連講師のようです。こうしたFPにアドバイスを求めることは、無意味である以上に有害である場合が多いでしょう。

しかし、このようなFPが頻繁《ひんぱん》にメディアに出ていたり、本を出していたりするのが現実なので、大いに気を付けてください。

それでも「相談」したい場合はどうするか？

筆者の立場は、「お金の問題は、正しく考えると難しい問題ではないし、他人に相談する必要はない」というものです。しかし、そう言われても、お金のことは大事な問題なので、誰か信頼できる他人に相談したいと思う読者がいらっしゃるのではないかと想像します。

本当は、お金の問題に関しては、専門家であろうとなかろうと、他人を「信頼する」という姿勢がよくないのですが、自分の理解の正しさを確認する相手が欲しい人もいるでしょうし、未だ経験がない事柄に関しては他人の意見やサポートが欲しいという心理があることは理解できます。そうした場合には、どうしたらいいのでしょうか？

第5話の中でも述べたように、**お金について相談する相手は、「自分に商品を売る**

ことで利益を得る人でないこと」が、ほぼ絶対的な条件です。商品を売ることから利益を得る人は、中立なアドバイザーではなく、アドバイザーの仮面を被ったセールスマンだと考えておくことが正解です。

なお、商品を売らない中立な立場のFPを見つけたら、相談料の支払いを惜しまないことが大切です。謝礼を数万円支払ったとしても、明らかな無駄を指摘され数十万円以上の節約につながる場合が少なくありませんし、相談料を受け取る以上、真剣にアドバイスしようという気になるのは人間の自然な心理です。「無料相談」だからといって、金融機関に相談に行くのは危険であり不適切です。

一方、相談したFPが知識不足だった場合、決定的な対策はありません。特に、お金の問題は自分で損得を判断するしかありませんし、FPのアドバイスが正しいか否かは、自分で判断するしかありませんが、損得が明解なお金の問題の正解は一つに決まります。

それでも、相談をいくらか有効にする方法としては、お互いにまったく関係のないFPやアドバイザーに対して、医療の世界で言う「セカンド・オピニオン」を求める手があります。おそらく、様々な意見があって、かえって迷う原因になるかもしれませんが、大事なお金の問題に関して自分で納得が行くまで考えてみるきっかけとヒントになるはずです。

結局、お金の問題は、最終的には自分が理解しなければならないのだということを覚えておいてください。自分自身以外に、「信用できる人」はいないのです。

〈第5章のポイント〉

1. FPを「お金の専門家」として過信してはいけない。有名FPでもマスコミに都合よく使われているだけの人が多数いる。

2. 資産運用、税務、相続、不動産など、個別のテーマに関するFPの専門知識は、それぞれの分野の専門家に劣る事が多い。

3. 生命保険、投資信託、不動産など、商品販売を仲介・紹介することで報酬を受け取るFPが多数いるが、彼らに相談してはならない。一般に、「商品を売って利益を得る可能性がある人に相談するな」が大原則。

4. どうしても相談したい場合は、商品を販売しない中立性の高いFPに相談料をきちんと払って相談しよう。別のFPにセカンド・オピニオンを求めることも有効。

安心して相談できるFPは、ごくわずかなのが現実です。

第6章

お金を増やしたいなら、銀行に近寄るな！

誰もが自分のお金を銀行に預けていることでしょう。そんな身近な存在の銀行が、実は一番危険な金融機関になりつつある!?　銀行との上手な付き合い方をすべて教えます！

6話　「銀行との付き合い方」

退職金も振り込まれたし
身の振り方も考えなくちゃなぁ
退職金の使い道は決めてあるのか？
妻とベネチア旅行でも行って
あとは家のリフォームもしたいし
それだけ使ってもまだ残るだろ？
運用はどうするんだ？
ふふっ
××銀行
投資信託
今日ちょうど銀行で運用商品を決めてきたよ
えっお前まさか
銀行に行って銀行の言う通りに運用を決めてきたんじゃないだろうな？
そうだけど？
担当者がいい人で丁寧にアドバイスしてくれてな
はあ〜っ

お前 学生の頃から頭が悪かったけど
さらに磨きがかかったようだな
お前の口の悪さも学生時代よりひどくなってるけど…
な なんだよ 何か問題があるのか？
昔のよしみで教えてやるけど
銀行なんてお前から金をふんだくることしか考えてないからな
ええええええっ〜！
…お お前はそう言うけど
オレの担当者はとても親身に話を聞いてくれたし…
××銀行
投資信託
おおかた豪華な応接室に通されて支店長が挨拶に来て
その後バカ丁寧に相談にのってもらったんだろ？
なんでそれを知ってる？
ヤマザキも同じことを？
バカだなぁ 銀行の普通のやり口だよ
そ そうなのか？

いい気分になって自分の懐具合をペラペラしゃべったりしたんだろ？
そ そんなことは…
まぁしゃべらなくても銀行の連中にはすべてお見通しだけどな
え？そうなのか？
預金口座のカネの動きを見ればどんな生活を送ってるかくらい連中には筒抜けだよ
……
いわば財布の中身を見せながらショッピングしてるようなもんだな
きょうび銀行は低金利で儲からないし金持ちからは手数料ビジネス貧乏人からはカードの金利をせしめて日銭を稼いでるんだ
××銀行
○○銀行
□□銀行
退職金運用プラン
定期預金
投資信託
昔みたいに銀行を信用してるとケツの毛までむしり取られるのがオチだな…
××銀行
投資信託
そこまで銀行を悪《あ》しざまに言わなくても…
ひょっとしてヤマザキも銀行に金をむしり取られたことが…？
あるわけないだろ～！
俺を誰だと思ってるんだよ

銀行を信用しているお前にもう一つ教えてやろうか
どういうことだよ…
銀行の窓口で扱っている投資商品はほぼ100%クズな商品だぞ
え? 100%クズ…?
その通り! そもそも銀行で投資商品を買うなんて情弱の極みだぞ
じょ じょうじゃく…?
情報弱者
情弱は情報弱者のことな

だいたい銀行で売ってる商品は購入手数料がバカ高い！
ちなみにお前が買った投資信託の購入手数料は何パーセントだ？
え～と3%と書いてあるな
××銀行
投資
3パーセント！
もし2000万円分購入したとしたら手数料だけで60万円だぞ
お前正気か？
2000万円×3%
60万円
だってこの投資信託はリターンが高くて今までも成績がいいって担当の人も…
で運用管理費用は何%だ？
えーと1.5%です…
すみません
1.5%
3%
その運用管理費用はずーっと払い続ける必要があるって知ってるよな？
…ははい…
何度も言いたかないけどもし2000万円だとしたら毎年30万円だからな
30万円
30
つまり1年目にはもうすでに90万円も出て行くわけだ
手数料60万
30万
……

でここからが大切なんだがその金額以上のリターンがあるって保証なんてないだろ?
30
30
30
30
30
30
30
30
30
30
60万
手数料
リターン
?
…いや…
投資信託にはリスクがあるし運用の成績次第だって…
ここまで考えればお前でもわかるよな?
ここまでのことを一旦まとめるぞ
はいお願いします…
①銀行に退職金の運用の相談に行ってはいけない
その理由は?
相手はこちらの懐具合をすべて把握していてそのお金を狙っているから
××銀行通帳
正解!

無料相談会や豪華な応接室で親身になって相談にのったりするのはなるべく多くの金をふんだくるのが目的だからな
ご相談
いわばカモがネギを背負って行っているようなものなんだよ
お前のやっていたことは
……
②銀行の窓口で売っている投資商品を買ってはいけないその理由は？
② 手数料
手数料 手数料 手数料
手数料の高いクズのような商品しか扱っていないから
② 手数料 手数料
手数料
手数料 手数料 手数料
正解！わかってくれたようだな
…はい…わかりました…
ということで銀行で退職金の運用を相談したり
実際に運用することがまったく間違っているのはこの４つの点でわかるよな？
①客のことを知りすぎている
②無料相談会はセールスのためのワナ
③扱っている商品がクズ
④手数料がバカ高い

もう～!銀行行く前にこの話を聞きたかったよ…
ヤマザキ…
俺はこの後どうすべきなんだ?
そんなこと簡単だろ
まずは明日にでも銀行に行って投資信託を全額解約することだよ
え?全額解約?
お前ひょっとして手数料の分以上に値上がりするまで待とうなんて思ってたんじゃないか?
そりゃそうだろうが
お前はとことん頭が悪いなぁ～
今の状況はお前のお金にとっても可哀そうな状況なんだぞ
早くお金を牢屋から出してやれよ
むっ

そうはいっても購入手数料とか既に払ってるんだぞ
今止めたら損を確定してしまうじゃないか
お前サンクコストって言葉を昔習わなかったか？
サンクコスト？
既に払ってしまっていて回収不可能なコストのことさ
この場合は投資信託の購入手数料がサンクコストだ
そして人はサンクコストを諦めるのが難しくてついこだわってしまう愚かな生き物なんだよ
正直なんとか取り戻したいがダメなのか？
だってサンクコストにこだわっているうちに損が拡がる可能性だってあるぞ
ひゅ〜〜っ
ほら

変えられるのは今まで起こったことではなくこれから起こることだけじゃないか
できることに集中するしかないぞ
たしかにそうだけど
まずは解約
そしてその銀行とは縁を切ることだな
ダメな商品を売られた相手とは縁を切らないと
悪い病気を貰った相手と付き合い続けていると別の病気を貰うのがオチだよ
縁を切る⁉
ダメな運用は元から断たないとダメなんだよ
……
じゃあその後はどうすればいいんだよ？
友だちなら責任もって教えてくれよ！
しょうがないなぁ…
とりあえずネット証券に口座を開け

……
お前 ネット証券の関係者だから そう言ってるんだろ
[ヤマザキハジメ]
経済評論家
楽天証券経済研究所客員研究員
別に 俺が楽天証券の社員だからって楽天証券じゃなくてもいいぞ
SBIでもマネックスでも勝手に開けよ
ネット証券は窓口業務の人間がいない分人件費がかかってないから手数料が相対的に安い
××銀行
投資信託
ネット証券
何よりお前みたいなカモを騙す営業マンがいないのが最大の長所だ
分かったよ
で それから どうすりゃいいんだ?
俺が本に書いている『ほったらかし投資』の方法を教えてやるよ
ほったらかし投資術
お前みたく銀行にむしり取られないためにはほったらかしが一番なんだよ
ほったらかし?

ほったらかし投資の定義は3つ
①誰でもできるくらい簡単で
②かけるべき手間がごく少なく
同時に
③合理的でもある投資方法
ほったらかし
なんだよ
定義はわかったから早くやり方を教えてくれよ
そうやって焦るからお前は銀行なんかに…
は〜っ
まずは手持ちの資金の中で当面の生活に必要な資金を銀行の普通口座に置いておく
これは何か不測の事態が起きても借金しなくてもいいような生活防衛資金だな
普通口座
¥
¥
¥
俺は生活費3ヵ月分くらいでいいと思う
次に残った資金のうちリスクをとってもいいと考える金額を国内外のインデックス・ファンドに投資する
投資
¥
¥
へぇ〜リスクってだいたいどのくらいのリスクなんだ?
そうだなぁ個人によって違うけど

※年金運用などの機関投資家が平均的に使うリスク・リターンの前提に基づく

それよりも老後をどう生きていくかそれに集中する
そのためにもほったらかし投資は有効なんだよ
う〜んなるほど
これで老後の心配が一つ減ったな
一つ？
オレの老後はもう安泰じゃないのか？
人生100年時代と言われてる世の中だぞ
これから何十年もブラブラしてお前退屈しないのか？
その心配は無いとは言えないが
じゃあどうすれば？
まだまだ働くといいんだよ
そのかわり好きな仕事をするべきだな
お前だって長く働いてきたんだ
やりたい仕事のひとつやふたつ思い浮かぶだろ？
確かにそう言われれば…
幸いにもお前には退職金も結構な年金もあるんだ
お金のために働くんじゃなくやりたい仕事をやればいい
最高のご身分じゃないか！

定年祝いだ
家で息子とでも飲んでくれよ
おおっ
最近入手しにくい「山崎12年」じゃないか!
お前口は悪いけど案外いい奴だったんだな
おい60年物の山崎も大切にしろよ!
?60年物
そんなものがあるのか?
バカ
目の前にいるだろ
あ
飲もう!今日はとことんおごってやるぞ
マスター
ハイボールをもう2杯!

第6話　おわり

シンプルで正しいお金の増やし方

なぜ銀行員には「特に」気を付けなければならないのか？

銀行が要注意な４つの理由

本書では、各種金融機関の社員やＦＰをはじめとする「お金の専門家」が、単に頼りないだけでなく、顧客から過剰に収益を上げようとしている危険な存在であることを強調してきました。それでは、こうした専門家の中でも誰を一番警戒すべきか？と問われたら、筆者は迷うことなく「銀行員」だと答えます。最終話である第６話は、その銀行員を取りあげました。

各種のお金の専門家の中でも特に銀行員を警戒すべき理由が４つあります。順番にご説明しましょう。

①預金の動きを通じて顧客の情報を持ちすぎているから

いずれも要注意の金融の専門家の中で特に銀行員に注意すべき理由は、顧客の預金の動きを通じて彼らが顧客の情報を豊富に持っているからです。

例えば、証券会社の営業マンが顧客にセールスを断られる際の最大の理由は「今、投資に使えるお金がない」なのですが、銀行員は顧客の定期預金がいくらあり、いつ満期を迎えるのかを知ったうえでセールスに及びます。池井戸潤さんの小説などを読むとよくわかりますが、銀行員は顧客の預金の動きから、顧客の勤務形態、収入、家族構成、車の有無、持っているクレジットカード、日頃のお金の使い方などを、かなり詳しく把握することができます。

まず、銀行員は、顧客のお金の事情を詳しく知る「手強《てごわ》すぎるセールスマン」であることを知らねばなりません。

お金の運用に本格的に取り組むにあたって最悪のスタートは、退職金が振り込まれた銀行で運用を始めることだと筆者は常々言っていますが、第6話の主人公がまさにこの形で運用デビューしてしまいました。

②窓口ではろくな商品を扱っていないから

銀行員が顧客の情報を豊富に持ったセールスマンであっても、顧客にとってよい商品を勧めてくれるなら、悪いことばかりではないかもしれません。しかし、**銀行の窓口で扱っている運用商品は、手数料が高すぎるという点だけからも、「クズ！」と断言できるものが殆どなのです。**

例えば、銀行が窓口で扱う投資信託は、購入時手数料が２〜３％（税抜き）、信託報酬が１・５％程度かかるものが大半です。運用商品については、年間に支払う手数料が運用額の０・５％を超えるものをすべて避ける「０・５％ルール」を筆者は提唱していますが、銀行員はこのルールから外れる商品ばかりを売りたがります。窓口で勧められる投資信託、貯蓄性保険（主に外貨建て）はすべて避けた方がいい運用商品です。

銀行の窓口で扱っている運用商品で購入検討の対象にしていいのは、個人向け国債変動金利型10年満期と、一部の銀行が扱っているつみたてＮＩＳＡのインデックス・ファンドくらいのものです。

なお、銀行に限りませんが、個人向け国債を金融機関に買いに行くと、もっと手数料が高い別の商品を勧められることが多いので気を付けてください。

③銀行は安心だという妙な信用がまだあるから

銀行が投資信託などの損をするリスクがある商品を本格的に売り始めたのは、１９９８年の「日本版ビッグバン」と呼ばれた一連の金融規制の緩和からです。それまで、銀行で損をする人は、高い金利で資金を借りた企業経営者か外貨預金に手を出した顧客くらいのもので、個人では殆どいませんでした。

しかも、銀行の預金は政府が手厚く守ってきたので、大手銀行が経営破綻した１９９０年代のバブル崩壊の時でも預金者には損をさせませんでした。だから「銀行は堅い」、「銀行員は真面目だ」、「まさか銀行が顧客に損をさせるようなことはないだろう」というイメージを持っている人が高齢者を中心にまだ少なくありません。

銀行に対する漠然とした信頼感は、証券会社などには疑い深い人でも、銀行に対して警戒を緩める原因になっています。しかし、現在銀行が販売している投資信託などの運用商品はリスクも手数料も相対的に高いものが多く、銀行にはまったく油断できません。

銀行や銀行員を無駄に信頼するのは止めましょう。

④低収益化で手数料稼ぎに必死だから

そして、今日の銀行を益々警戒すべき理由として、近年の銀行の収益環境の悪化が顕著であることが挙げられます。端的に言って、現在の銀行は「お腹を空かした狼」に近い存在です。

銀行の収益悪化には、日銀の金融政策による低金利のような短期的な要因と、新しいテクノロジーの普及に伴う銀行ビジネスの陳腐化といった長期的な要因の両方がありますが、低金利政策はまだ何年も解消されそうにありませんし、テクノロジーの普及によって銀行が要らなくなる動きは急速に進行しているように見えます。つまり、ビジネスとしての銀行の苦境は相当に深い。

こうした環境の中で、**銀行は、お金持ちには手数料の高い運用商品を売りつけて手数料を稼ぎ、そうでない人はカードローンなどの高金利の借金に誘うといった、個人**

の顧客にとっては危険なビジネスに一段と注力するようになっています。
銀行は、これまでよりもずっと危険な相手になっていると考えるべきです。

銀行とどう付き合うといいのか？

さて、銀行や銀行員が警戒すべき相手だと言っても、多くの人は銀行の預金口座を給料の受け取りに使っていたり、カードの決済口座に使っていたりするでしょう。現時点の日本では、銀行とまったく関わりを持たないで暮らすのは、まだ少々難しいかもしれません。

そこで、普通の人が銀行と上手に付き合うためのコツを三原則にまとめてみました。

【原則一】「預金は、一人、一行、1000万円」を守る

現時点で直ちに危ないと言える銀行が名指しできる訳ではないのですが、諸々の要因を考えると、数年以内に経営が行き詰まる銀行が現れてもおかしくないと筆者は考えています。特に、経営状態が急速に悪化している地方銀行は要注意でしょう。

銀行預金が預金保険で保護される範囲は「一人、一行、1000万円」（一般預金の場合。円預金に限ります）までなので、一行への預金はこの範囲に収めるのが基本原則です。

1000万円程度の預金があれば、普通は生活に困らないでしょう。これを超える金額は、個人向け国債変動金利型10年満期を購入するか、別の銀行に預けるか等の対策を考えましょう。

【原則二】銀行員とはなるべく顔を合わせない

考えてみるに、銀行の店頭は「残念な場所」です。待たされるし、書類の記入など手続きは面倒だし、買わない方がいい運用商品のセールスをされたりもします。

より快適かつ安全に銀行を利用するには、銀行員と顔を合わせる機会を減らすことが有効です。

インターネット専業の銀行を使わないまでも、ネットバンキングを使うと、預金の残高照会や送金を待たずに自宅でも行うことができますし、通常は手数料が安いので経済的です。もちろん、余計な運用商品をセールスされたり、金利が高いカードローンやリボルビング払いの勧誘を受けたりすることもありません。

どうしても現金が必要な場合は、ＡＴＭ（自動支払機）を使うといいでしょうが、今後は徐々にキャッシュレス決済が普及するでしょう。

銀行員を敵視する必要はありませんが、人件費の高い彼らに時間を使わせることは「申し訳ないこと」であると同時に、手数料で費用の回収を図《はか》られかねない「危険なこと」なのだと理解しましょう。

店頭の窓口に行く機会があったり、銀行から電話等で連絡があったりした場合には、銀行員の「ご説明」、「ご相談」、「ご提案」に関わらないように注意してください。

商品の説明を受けてもどのみち買わない方がいいのですし、相談は先方にとってセールスの場なのですし、商品の提案をされてしまうと素人がその場でダメ出しをするのは大変です。

銀行員を正しく怖《おそ》れましょう。

【原則三】銀行では決して運用商品を買わない

加えて肝心なことは、銀行で運用商品を買わないことです。買ってもいいのは、個人向け国債くらいです。もちろん、銀行が紹介しようとする系列の証券会社や信託銀行にも決して関わらない方がいいと断言します。
「銀行はお金を運用する場所ではない」と決めておきましょう。

意思決定で大事なサンクコストの扱い

第6話に出て来る「サンクコスト」（「埋没費用」と訳されます）という言葉について説明しておきます。サンクコストとは、既に発生してしまって取り返しがつかない費用や損失のことです。経済的な意思決定においては、サンクコストにこだわることなく、「これから変えられる損得」に集中することが正解です。

例えば、企業経営者であれば、費用をかけて続けて来たプロジェクトであっても、これからかかる費用よりも将来得られる利益が小さいと分かれば中止する勇気を持たねばなりません。過去にかけた費用はサンクコストです。

個人がよく直面するお金のサンクコスト問題は、投資の評価損でしょう。例えば、一口1万円で買った投資信託が9000円に値下がりしている場合、1000円の損失は過去に起きてしまったことなので、あくまでも現在9000円の投資信託を今後も持ち続けるのが適切か否かだけで、継続保有するか否かを考えなければなりません。第6話にあったように、銀行の窓口で売っている投資信託は今後も継続的にかかる信託報酬という手数料が高いので、即刻解約することが経済的に正しいのです。こうした状況で、**過去に払った手数料や値下がりの損を取り戻そうと考えて解約を遅らせることは常に不適切なのです。**

もっとも、株式投資でも、投資信託などへの投資でも、自分の買い値にこだわる気持ちは多くの投資家に見られる一般的な心理です。しかし、サンクコストにこだわらない意思決定の方が間違いなく「得」なので、読者にはこの心理を是非克服して欲しいと思います。

サンクコストにこだわらずに冷静な判断ができるようになれば、それだけで「上級投資家」の仲間入りができたと考えてもいいくらいのものです。

「お金は、淡々と合理的に扱いましょう！」

〈第6章のポイント〉

1. 銀行員は、顧客の詳細な情報を持っている「手強すぎるセールスマン」である。
2. 銀行の経営環境の悪化は深刻だ。「預金は、一人、一行、1000万円まで」の制限を守ろう。
3. 「銀行はお金を運用する場所ではない」と決めよう。
4. 銀行で売っている運用商品の99%以上は手数料が高過ぎて不適切だ。商品の説明を聞くだけ時間の無駄である。
5. 銀行員と顔を合わせない方がいい。彼らの、「ご説明」、「ご相談」、「ご提案」には関わらないように注意しよう。
6. お金についての意思決定にあたっては「サンクコスト」にこだわらないことが肝心！

今、一番危険なお金のプロは銀行員ではないだろうか。

・この書籍に掲載された金融商品や金利などの情報は2019年8月時点の情報であり、今後変更される可能性がありますのでご留意ください。

・本書の情報については細心の注意を払っておりますが、正確性および完全性等について一切保証するものではありません。

・個別商品の詳細情報については、銀行や証券会社などに直接お問い合わせください。

・本書の情報はあくまでも情報提供を目的としたものであり、特定の商品についての投資の勧誘や売買の推奨を目的としたものではありません。

・情報の利用によって何らかの損害を被ったとしても、出版社および著者は責任を負いかねますので、投資にあたっての最終判断はご自身でお願いいたします。

あとがき

個人をめぐるお金の問題について、正しい答えを見つけて、それを伝えることを、筆者は長年にわたって試みてきました。先入観を捨てて正しい知識を得ること自体がなかなか簡単ではありませんが、それ以上に、お金についての正しい知識を広く伝えることの難しさを感じました。

硬軟様々な単行本を書きました。ムック本や、図解本なども試みてきました。「わかりやすい」という読者の声が比較的多かったのは、対話形式の『難しいことはわかりませんが、お金の増やし方を教えてください！』（大橋弘祐氏との共著。文響社）でしたが、もっと直接的に言いたいことを伝えられる方法はないかと模索してきました。

この際、お金の知識を伝えるユーチューバーにでもなるべきなのだろうかと考えていました。

そこに、本書の編集者の小川貴仁氏が、私自身が直接登場するようなコミックを作って、ストーリー仕立てでお金の知識を伝える本を作る企画を持ち込んでくれました。漫画の中に自分自身が登場することにいささかの気恥ずかしさがあるものの、漫画ならば言いたいことを口調や表情も含めて直接言えそうで、何よりも読者に内容を理解して貰いやすいだろうと思われたことが魅力的でした。

「それは、いいのではないか！」という訳で、編集の小川さんと漫画家の飛永宏之さんと筆者の３人で、ちょうど本書に出て来るヤマザキハジメのように、ハイボールを何杯も何杯も飲んで打ち合わせた結果、誕生したのが本書です。

本書の制作プロセスについてご説明しておきます。

全6話のテーマは当初の打ち合わせで割合簡単に決まりました。いずれも、普通の個人が直面しそうなお金の問題です。

次にそれぞれのテーマについて、まず小川さんと筆者との間で（しばしばハイボールを飲みながら）アイデア出しの打ち合わせをして、小川さんが大まかなストーリーの下書きを作りました。この下書きを、筆者が、現実のお金のビジネスを考慮してあれこれ修正し、特にヤマザキハジメを含め、登場人物の台詞を気が済むまで書き替えてシナリオを作りました。まえがきでも触れた通り、漫画の中のヤマザキハジメは、ほぼ筆者の言いたいことを、言いたい口調で述べていると考えて頂いて結構です。

こうしてできたシナリオを飛永さんが漫画化してくれました。ネームと称する下絵の状態で再び筆者が見て、修正すべき点をチェックして飛永さんに戻して完成に向かったのが、コミック部分の制作過程です。

飛永さんの画風や細部のユーモア・センスは筆者の好みによく合い、ネームの段階で修正したい部分がほとんど無かったばかりか、シナリオから期待した以上の漫画の出来に毎回驚かされながら6話が完成しました。

「漫画部分だけ読んで頂けたら、お金について必要なことが十分わかる!」と筆者は思うのですが、念のため、それぞれのテーマについて、文章でも補足的な解説を加えて、さらに各話のポイントを箇条書きにまとめてダメ押しし、万全を期して完成したのが本書です。

本書を読むと、読者は、お金の扱い方について必須の基本知識を一通り得ると同時に、今後現れるかもしれない新しいお金の応用問題にも対処できる「大人の経済常識」を得ることができるはずです。

すると、読者はもうお金のプロたちの罠に引っ掛からなくなる訳ですが、実は、このことは長期的には、多くのお金のプロたちにとっても喜ばしいことなのです。

例えば、第6話では、銀行の窓口で扱っている投資信託や外貨建ての生命保険などを一切相手にしない方がいいと述べましたが、実は、銀行員自身もこのことを十分知っています。しかし、ビジネスのために自ら心を麻痺させてこうした商品を販売しているのが現実です。仮に、大半の顧客が現在扱っているような商品を買わなくなった時、銀行員は、粗悪な商品を売る必要が無くなって、よりマシな商品を扱うことができるようになるのです。

銀行員も含めて、本書で批判したお金のプロたちの大半は、楽な儲けのために少しだけ顧客を騙しても許されるのではないかと考えるくらいの「小悪党」に過ぎません。小悪党を矯正するには、悪事を暴いて太陽の光を当てるくらいで十分な場合がほとんどです。そして、改心した小悪党の多くは、顧客の役に立ちたいと願うそこそこの善人に生まれ変わります（気の弱い善人なので油断はできませんが、根っからの悪人は案外少ないのが現実です）。

読者の皆さんには、お金の知識を正しく身に付けて、小悪党の改心を手伝ってあげてほしいと願っています。

現在、お金をめぐるビジネスの世界は、技術の進歩を背景に、大きな変革期にあります。フィンテックと総称される各種の金融サービスによって顧客の利便性が高まることが予想される一方で、データの増大とデータ処理力の向上で、個人に対する金融マーケティングのアプローチが急速に強化される可能性があり油断はできません。こうした、将来のお金の世界にあっても、われわれは商品やサービス、そして情報の背後にいる「お金のプロ」に対して正しい警戒心を持つことが重要です。お金について考える際の基本は将来も全く同じです。

そして、現在も将来もお金は幸せのために使うべき「手段」に過ぎません。読者がお金を適切に扱って、お金で嫌な思いをしない、幸せな人生を送ることを心から祈っています。

山崎 元（やまざき はじめ）
経済評論家、楽天証券経済研究所客員研究員。株式会社マイベンチマーク代表取締役。1958年、北海道生まれ。東京大学経済学部卒業、三菱商事入社。その後、野村投信、住友生命、住友信託、メリルリンチ証券、UFJ総合研究所など12回の転職を経て現職。雑誌、ウェブサイトの連載やテレビ出演多数。『難しいことはわかりませんが、お金の増やし方を教えてください！』(文響社・共著)など著書も多数。

飛永宏之（とびなが ひろゆき）
漫画家。1999年12月、月刊少年マガジン『ホワイトアウト』漫画作画でデビュー。

装丁／門田耕侍　撮影／浜村達也

四局ピース

マンガでわかる シンプルで正《ただ》しいお金《かね》の増《ふ》やし方《かた》

2019年9月11日 第1刷発行
2024年5月7日 第15刷発行

著　山崎《やまざき》 元《はじめ》
作画　飛《とび》永《なが》宏《ひろ》之《ゆき》

発行者　森田浩章
発行所　株式会社講談社
〒112-8001 東京都文京区音羽2-12-21
電話　編集 03-5395-3474
販売 03-5395-3608
業務 03-5395-3615

KODANSHA

印刷所　株式会社ＫＰＳプロダクツ
製本所　株式会社国宝社

ISBN 978-4-06-515571-4